이 찬란한 꿈을

현대수필가100인선❷ · 52

이 찬란한 꿈을

박미서 수필선집

수필과비평사 · 좋은수필사

■ 책머리에

수필은 누구나 부담 없이 읽고, 마음만 먹으면 직접 쓸 수도 있는 가장 친근한 문학이다. 다른 영역의 문학이 영상매체에 밀려 신음하고 있는 중에도 수필 인구만은 날로 증가하여 바야흐로 수필 전성시대를 구가하고 있는 이유도 거기에 있을 것이다.

시대적 추세에 힘입어 수많은 수필전문지, 수필동인지가 창간되고, 이에 비례하여 신진 수필가도 날로 늘어나다 보니 이제는 그 많은 작가, 그 많은 작품 중에서 문학성 높은 작품을 가려 읽는 일이 쉽지 않게 되었다. 이런 현상은 작가에게나 독자에게나 결코 바람직한 일이 아니다. 더 나아가서는 수필을 연구하는 후세들에게도 큰 부담이 될 것이다.

이런 문제를 해결하는 데는 출판인도 마땅히 한몫을 감당해야 한다는 평소의 소신에 따라, 본사가 기꺼이 그 역할을 맡기로 했다. 그 첫 번째 사업으로 시대를 대표할 만한 수필가 100인을 선정하고, 작가가 자선한 40편 내외의 작품을 수록한 문고본을 발간하여 이를 널리 보급함으로써 그 소임을 다하고자 한다.

본사는 사명감을 가지고 이 사업을 추진해 나가기로 했다. 작가 선정을 전담할 편집위원회를 구성하고 전권을 위임하여 일체의 사적인 정실이나 청탁을 배제함으로써 전문성과 공정성을 확보해 나갈 것이다.

따라서 이 기획물 속에는 작가의 문학정신뿐만 아니라, 본사의 문학사적 기여 의지와 편집위원 제위의 수필문학에 대한 애정과 문인으로서의 양심이 함께 담겨 있음을 자부한다. 다만, 작가를 선정하는 기준에는 많은 견해의 차이가 있을 수 있고, 선정 과정에서도 미처 챙기지 못한 부분이 있을 것이라는 사실만은 인정하지 않을 수 없다. 이 점에 대해서는 관계자 여러분의 양해 있으시기 바란다.

이 시리즈의 발간 순서는 작가, 또는 본사의 사정에 의한 것일 뿐 그 밖의 어떤 기준도 적용하지 않았음을 밝힌다.

본 기획물이 시대를 초월한 많은 수필 애호가들의 관심과 애정 속에 우리나라 수필문학 발전에 한 이정표가 되기를 바랄 뿐이다.

본사에서는 이상과 같은 취지로 『현대수필가 100인선』 전 100권을 완간하여 큰 반향을 불러일으킨 바 있다.

그러나 우리 수필문단의 규모나 수필문학의 수준에 비추어 선정 작가를 100인으로 한정하는 것은 형평성이나 효율성 면에서 크게 부족하다는 의견이 많았고, 본사 또한 이를 통감하던 터라 기꺼이 『현대수필가 100인선 Ⅱ』를 발간하기로 했다.

본사의 충정에 찬동하여 출판에 응해주신 저자 여러분에게 감사한다.

2014년 9월

수필과비평 · 좋은수필 발행인 서정환
현대수필가 100인선 간행 편집위원 박재식 최병호
정진권 강호형
오세윤

| 차례 |

1_부 밥값

2_부 붉은 산

3_부 이 찬란한 꿈을

4_부 바람의 눈물

1부

태어난 이유

결혼한 지 4, 5년 되었을까, 초여름 꼭두새벽에 전화벨이 울렸다. 잠이 덜 깬 목소리로 전화를 받으니 지금이 몇 시인데 여태껏 자냐며 당장 오라는 아버지의 짜증 섞인 명령이다.

부랴부랴 친정으로 쫓아갔더니, 앉기도 전에 소리부터 치셨다.

"너는 이 세상에 걸레질하려고 태어났냐?"

"걸레질하려고 태어났어?"

아버지는 내가 결혼한 이후로 걸레질 말고 무엇이든 의미 있는 일을 하기를 계속해서 기다리다가 기다림의 한계점에 이르렀고, 공교롭게도 이른 새벽이고, 더 이상은 도저히 참지 못해 전화를 하신 거다. 전공을 바꿔 대학을 다시 다니라는 것이다.

우리가 자랄 때 아버지는 '무얼 해라, 하지 말아라.' 라는 말을 거의 하신 적이 없다. 특히 공부하라는 말은 더더욱 하시지 않았다. 그저 잘한다고만 하셨다. 심지어는 시력이 약한 여동생이 초등학교 저학년 때 성적이 거의 꼴찌 수준이었는데, 시력교정을 하고 난 후에 책을 읽고 있었다. 그때 마침 책 읽는 소리를 들은 아버지가 "우리 딸내미가 글도 잘 읽는다."고 칭찬할 정도였으니, 형제 중에 공부 못한다고 부모에게 꾸중 들어본 사람이 아무도 없다.

그런 아버지가 자식에게 당신의 주장을 관철시키기 위해 몇 달씩 억지를 부린 사건이 있다.

외아들이 법과대학에 가겠다고 하자 아버지는 의과대학을 가라고 하셔서 날이면 날마다 좋게 말하면 토론을 하였고, 나쁘게 말하면 투쟁을 했다. 법과든 의과든 다 좋지만 사람을 살리는 데 있어서는 의사가 훨씬 구체적이고 직접적인 방법으로 죽어가는 사람을 살린다는 것이다. 아빠는 선진국의 예를 들기도 하는 등, 갖가지 방법을 동원하여 동생을 설득하고 회유하며 반 협박을 하셨다. 몇 달씩이나 계속된 투쟁에서 아버지는 승리하고 남동생은 의사가 되었다.

아버지는 고등학교 영어교사였다.

영어만 전문적으로 훈련하는 영어학교를 졸업했는데 해방 후에 그 학교가 없어져버렸다. 피난통에 졸업장을 잃어버린 줄도 모르고 계속 교편을 잡고 계시다가 교사자격증을 갱신할 때 없어진 걸 알고 신설대학에 다시 입학해 졸업장을 받았다고 하셨다. 영어를 가르치며 발음을 매우 중요하게 여겼고 회화 위주로 수업을 했다. 한 달에 한 번쯤 군산 미군비행장에 근무하는 발음 좋은 미국인을 초빙해 요즘으로 치면 원어민 학습을 학생들에게 시켰다.

여고 1학년생 때, 아버지한테 한 학기를 배웠다. 중고교 시절을 돌이켜보면 우리 아버지만큼 영어를 쉽고 재미있게 가르쳐주신 선생님은 없었던 것 같다. 나는 아버지한테 선생님이라 부르며 영어를 배우는 일이 쑥스럽기도 했지만 좋았다. 아버지는 제자들에게 심부름이라도 시킬 때면 늘 "고맙다."며 답례하는 걸 잊지 않아 아버지 책상서랍에는 제자들에게 줄 볼펜 같은 소소한 선물들이 넉넉히 들어 있었다.

"마흔여섯의 나이에 인생을 새로 시작할 수 있는 용기를 가진 아빠를 가진 걸 자랑스럽게 생각해야 한다."는 말씀을 남기고 아버지는 미국 유학을 떠나셨다. 비밀리에 유학준비를 하는 동안 아버지 대신 서류준비를 해드리면서 중 2학년생이던 나는 아버지의 꿈을 이해할 수 있었다. 비록 아버지의 유학자금 때문에 어려운 살림이 더욱 어려워지고 아버지는 궁핍함과 가족들에 대한 그리움을 이기지 못해 학업을 중단하고 되돌아오셨지만 말이다.

가난한 집안의 가장이라는 굴레 때문에 끝내 학위를 받지 못하고 돌아오신 아버지. 아버지의 고뇌의 깊이는 얼마였을까. 아버지는 단 한 번도 미국유학의 좌절에 대해 어떤 변명 같은 것도 하지 않았다. 가르치는 걸 좋아한 아버지는 평교사로 정년퇴임한 것에 만족하셨다. 참 욕심도 없었다.

그날 이후로 나태해지거나 살아가는 데 있어서 목적의식이 흔들릴 때면 "나는 왜 태어났을까?"라고 자문해 보곤 한다.

걸레질이나 하려고? 천만에, 아닐 것이다.

분명히 태어난 이유가 있을 것이고 그 이유는 아주 근사한 것일 거라고 생각해 본다.

아침에 일어나 가족의 식사준비를 하고 빨래를 빨아 다림질을 하고, 시장에 가서 장도 본다. 그리고 걸레질도 한다. 걸레질만 하는 게 아니라 걸레질도 한다. 가족을 위해 살림을 사는 것이다. 유능한 살림꾼은 못되지만 그래도 잘한다. 여기서 '잘'이란 즐겁게 한다는 말이다. 살림살이는 기본적으로 하는 일이고 그 외에 뭔가 내가 할 수 있는, 아주 중요하고 보람 있는 일이 있을 거라고 생각해 보는 것이다.

살림보다 더 중요한 일이 어디 있느냐고 물으면 할 말이 없다. 나 또한 가족들을 살리는 일보다 더 위대하고 보람 있는 일은 없다고 생각한다. 살림살이도 중요하지만 혹여 당신의 소중하디소중한 맏딸의 인생이 자칫 공허하게 될까봐 아버지는 밤새 잠을 설치고 전전긍긍해하신 거다.

아버지는 두 번째 개인전 전시장에서야 딸의 그림을 보시고는 싱긋 웃으셨다.

"너는 걸레질하려고 태어났냐?"

평생 동안 화두처럼 풀어야 할 숙제를 주고 가신 아버지가 오늘따라 눈물 나게 그립다.

승화 고모

승화는 나와는 동갑내기 당고모다. 아버지가 외아들이기 때문에 친고모가 안 계신 우리 집은 일가가 단출한 편이라서 어려서부터 고모네와는 한 집처럼 드나들었고 승화 고모와는 곧잘 어울려 놀았다.

그러나 정확하게 표현한다면 같이 놀기는 했지만, 승화 고모를 만나는 순간부터 내 자존심은 여지없이 짓밟히고 말았다고 해야 옳다. 승화 고모야말로 내 어린 날이 기억되기 시작한 이후에 내 열등의식이 발화되는 최초의 비등점이었던 것이다.

보통내기가 아닌 얼굴과 야무진 눈매를 가지고 있는 승화 고모는 키가 나보다 훨씬 컸다. 얼굴은 희멀건해 가지고 비쩍 말라 사흘에 피죽 한 그릇도 못 얻어먹은 꼴을 하고 있던 나는 겨울에는 툭하면 편도선염으로 열이 펄펄 끓고 여름에는 변비 아니면 장염으로 시달리니 언제 키 클 새가 있었어야 말이지?

일단 키로 나를 제압한 승화 고모는 그 다음에는 달변으로 나를 기죽이기 시작했다. 초등학교 일, 이 학년 때나 되었을까.

"내 이름은 이길 승勝 빛날 화華야, 승리해서 만방에 이름을 빛내라는 거지, 얼마나 좋은 이름이야, 그지? 그런데 네 이름의 뜻은 뭔데?"

"내 이름의 뜻? 아름다울 미美 실마리 서緖"

"그게 무슨 뜻이야?"

"무슨 뜻? 아름다움의 실마리……."

나는 안으로 기어 들어가는 목소리로 우물거리면서 이미 마음으로 패배를 인정하고 있었는데, 고모는 다시 한 번 야무지게 결정적인 강타를 날렸다.

"아름다움의 실마리가 대체 무슨 뜻이냐고?"

어린 맘에 우리 아빠도 승화 고모네 아빠처럼 뜻을 확실하게 알 수 있는 이름을 지어 주셨으면 좋았을 거라고 생각했지만 대세는 이미 고모에게로 기울어지고 나는 기운이 한꺼번에 빠지기 시작하는 것이다. 거기다가 승화 고모 친구들이라도 몰려오는 날이면 나는 정말로 싫었다. 그렇다고 싫다는 내색을 하는 것은 사람답지 못하다고 생각했기 때문에 나는 즐거운 척 예의를 차려야만 했다. 고모는 으레 제 친구들이 나를 누구냐고 물어보면 마치 전리품을 자랑이라도 하듯 으시대며 "내 조카야."라고 아주 대단한 고모 노릇을 했다. 그런데 고모친구들마저 숫제 나를 자기네 조카 취급이다. 똑같은 나이에 같은 학년인데, 딱 죽을 맛이었다. 그렇지 않아도 고모는 내게 '야야.' 하고 나는 '그랬어.'를 하는 게 정말 싫은데 말이다. 한술 더 떠 술래잡기를 하다가 내가 술래가 되면 자기가 고모니까 나 대신 술래를 해야 한다고 우기고 나서 술래를 대신하는 것이었다. (고모는 절대로 술래에 걸리는 법이 없었다.) 그러니 무슨 술래놀이를 할 맛이 나겠는가 말이다

"제가 내 보호자라도 돼?"

씩씩거리면서 망가진 자존심을 끌어안고 몰래 집으로 도망가 버려도 다음에 만나면 왜 그랬냐고 물어 보는 일도 없이 여전히 꼴 난 고모 노릇이다.

승화 고모네는 우리보다 훨씬 부자였다. 나는 겨우 크레용으로, 그것도 다 써서 색깔이 듬성듬성 빠져 버린 12색 크레용으로 그림을 그리고 있으면 고모는 고급 크레파스를 가지고 왔다. 화려하고 통통하며 24색으로 되어 있는 새 크레파스를 보고 있노라면 마치 내 크레용은 나인 듯하고, 생전 보지도 못한 고급 외제 크레파스는 승화 고모인 것 같아 은근히 부아가 났다.

쪼그만 게 우리 엄마보고 '새 언니'라고 부르는 것도 꼴 보기 싫었는데, 마치 삐쩍 말라 보잘것없는 나 같은 크레용을 보고 "내 것 줄게."라고 순간의 망설임도 없이 선뜻 내게 크레파스를 주는 승화 고모의 예기치 못한 행동에 싫은 내색도 못하고 속

상한 맘을 어떻게 할 수가 없었던 기억이 난다. 고모가 돌아간 다음에 고모가 준 크레파스를 쓰레기통에 처박아 버렸는지, 어쨌는지는 생각이 안 나지만 승화 고모와는 무엇으로도 게임이 안 되었다. 공부로든 통솔력으로든 팔방놀이로든 나는 그저 고모의 뒷전만 맴돌 뿐이었던 것이다.

아주 어려서는 그런 고모가 내 우상이었겠지만 조금 커서는 무엇으로도 고모를 능가하거나 이길 수 없다는 것을 깨닫고는 애써 고모를 무시하기로 작정했다.

고등학교에 입학할 때였다. 고모는 욕심 많기로 소문 난 우리 작은할머니인, 제 어머니의 극성스런 교육열 덕분에 서울의 명문여고로 유학을 가고 나는 선택의 여지도 없이 장학금을 받을 수 있는 학교로 진학해야만 했다.

"나도 서울로 학교 가면 안 돼?"

힘없이 겨우 한번 물어 봤던 말을 아무도 기억하지 못한 채 세월은 흐르고 고모는 서울대로 나는 지방 국립대로. 제 갈 길로 가면서 우리는 점점 만날 기회가 줄어들고 말았다.

큰고모네서 대학을 다니는 승화 고모와 한번 만났을 때 고모는 진로 문제로 생각이 많았다. 간호학과에 다니는 고모는 전공이 싫어 주사 한 번 놓아 보지 않고 학교를 졸업하게 생겼다며 자기는 간호사가 되기 싫다고 했다. 그 후 심리학과로 학사 편입한 고모가 엄하고 보수적인 큰고모부인 자기 형부 눈을 살살 피해 밤늦게 들어오기도 하고 술도 잘 마신다는 얘기를 전해 들으면서 나는 틀림없이 그 잘나고 똑똑한 고모가 앞날을 잘 개척하리라 믿었다. 우리나라의 심리학계를 주름잡는 학자가 될 거라고 확신했다.

그 무렵 나는 한 남자를 만났고 그 남자에게 죽자 사자 미치지 않았는데도 결혼하기로 했다. 학벌도 직장도 집안도, 그 어느 하나 보잘것없는 사람과 결혼하려는 내게 승화 고모는 또 고모 노릇을 하려고 들었다.

"다시 한 번 생각해 봐라……, 인생이 장난인 줄 아느냐? 어떻게 하려고 그런 어리석은 결정을 하려는 것이냐?" 등등…….

고모는 진심으로 나를 걱정하며 말렸다.

그런 고모에게 나는 정통으로 한 방 먹였다.

"뭐가 걱정이야, 나는 콩나물 장사의 아내 노릇도 잘할 자신이 있고, 국회의원 사모님 노릇도 아주 잘할 자신이 있는데……."

멍하니 바라보는 승화 고모의 뜨악한 눈을 정면으로 맞받으면서 이제야 고모를 이겨보는구나라며 속으로 쾌재를 불렀다. '나는 적어도 남편감을 백화점에서 물건 고르듯 조건을 보고 골라잡는 속물은 아니란 말이지.'라며 좁은 소견을 보태어 뻐기는 짓을 즐겼던 것이다.

콩나물 장사의 아내 노릇도 장, 차관의 사모님 노릇도 아니고 그저 평범한 남자의 아내 노릇을 그나마 잘하지도 못하고 남편 노릇을 잘하는 남편에게 나를 맡긴 채 많이도 살았다.

고모는 그렇게도 싫다던 간호사의 신분으로 미국으로 건너갔다.

청운의 꿈을 안고 갔을까. 좋은 남자 만나 잘 산다는 얘기만 바람결에 들려올 뿐, 거기서 무얼하며 사는지, 무얼 생각하는지, 무얼 꿈꾸는지 나는 모른다.

"내 이름은 말야, 이길 승勝 빛날 화華, 이겨서 빛나라는 뜻이야."

자기 이름자가 꽃 화花가 아니고 빛날 화華라는 사실을 대단히 자랑스러워했던 승화 고모. 미국 뉴저지 어디쯤에 산다던 승화 고모.

지금은 어떻게 무엇으로 빛나고 있는지…….

이제쯤은 정말로 좋은 친구가 될 수 있을 텐데, 미국과 한국의 거리가 너무 멀다.

하지만 누가 알겠는가. 다시 만나면 그놈의 영어 땜에라도 또 승화 고모에게 기가 팍 죽을지 말이다.

(2000년 봄)

그리고, 그 후

누군가 조금이라도 위로 받을 수 있다면, 외롭지 않을 수 있다면 나는 그것을 위해 적은 힘을 신나게 보탤 수 있다. 그렇게 사는 게 좋다. 나는 그 느낌을 사랑한다. 애틋한 누군가를 위한 일을 하며 겪는 고통은 고통이 아니다. 그게 삶의 이유이고 가치고 윤활유다.

오래전 이름도 모르는 한 여인이 내게 바람처럼 왔다가 갔다.

40대 초반이었다. 약속 장소에 가던 나는 중앙선을 넘어오는 차와 정면으로 충돌해 대학병원에 실려 갔다. 요추 1번과 오른쪽 팔목이 골절되는 사고였다. 모래주머니를 허리에 대고 움직이지도 못한 채, 진통제도 듣지 않는 극심한 통증에 시달렸다. 1인실에서 잠도 못자고 엉엉 울었다. 뼈를 깎는 고통이라더니 허리뼈가 부러진 고통은 이루 말로 표현할 수 없을 정도로 지독했다.

한 보름쯤 지나 미칠 것 같던 통증도 서서히 사라질 즈음 멸균실이 필요한 환자가 방이 없다는 간호사의 말에 방을 내주고 2인실로 옮겼는데 위암 말기의 여자 환자가 있는 방이었다. 환자는 한참 동안 아무것도 먹지 못했는지 눈물겨울 정도로 말라 있었고 말소리도 작아 주의를 기울이지 않으면 알아듣지 못할 정도였다.

먹고 싶어도 먹지 못하는 그녀 앞에서 먹는 건 죄악이었다. 나는 하루 세 번씩이나 죄를 지어야 했다. 입원 초기에는 장경직 때문에 금식을 해야 했고 나중엔 입맛이 없어 먹지 못한 나는 살기 위해 맛없는 밥을 그녀 때문에 가림막을 하고 소리를 죽여 씹어야 했다. 사람이 할 짓이 아니었다. 한밤중이 되면 그녀의 통증은 더 심해졌다. 통증 때문에 거의 잠을 자지 못하는 그녀는 심심하면 자냐고 묻고는 했다. 당연히 나는 설핏 잠들었다가도 안 잔다고 대답했다.

"먹고 싶은 거 말해 보기!"

그녀는 먹고 싶은 게 너무도 많았다. 잘 익은 빨간 사과 한 알을 껍질째 아삭아삭 깨물어 먹고도 싶고 갓 지어 김이 모락모락 나는 하얀 쌀밥에 김치를 척척 걸쳐 먹고도 싶고, 생선회도 맘껏 먹고 싶다고 했다. 잠 못 이루는 밤, 음식 이름을 대며

밤을 보냈다.

"빨리 나아. 먹으러 갑시다. 내가 다 사줄게요."

정말이지, 낫지 않아도 좋으니 먹을 수만 있다면 뭐가 되었든 다 사주고 싶었다.

그녀의 남편은 트럭운전사였다. 2,3일에 한 번 정도 피곤한 모습으로 병원에 오면 한 시간쯤 말없이 앉아 있다가 갔다. 자식들도 번갈아 들르지만 그녀에게 해줄 수 있는 일이라곤 별로 없었다.

그녀는 영리하고 부지런했으며 억척이었다. 못 배운 한을 자식한테 대물림하지 않기 위해 할 수 있는 짓은 다 했다면서 스스로를 대견해했다. 이것저것 안 가리고 부업을 해 위로 둘은 교사, 셋째는 의과대학, 넷째는 건축학과 학생으로 키워놓고 이제 막 한숨 돌리려던 차에 덜컥 병마에 사로잡혔으니 얼마나 억울한 일인가. 목이 탈 때도 배달하던 요쿠르트 한 모금 먹지 않고 아꼈노라고 했다. 그렇게 하지 않고서야 남편 벌이만으로 어찌 넷이나 되는 자식 뒷바라지를 할 수 있었겠는가.

밤마다 그녀는 자서전을 썼다. 유일한 독자인 나는 허리에 알루미늄 보호대를 차고 그녀의 배를 살살 어루만져주거나 침대에 누워 그녀의 자서전을 귀로 읽었다. 그녀는 그렇게 밤마다 과거로의 여행을 떠나며 그나마 통증을 견뎠다.

무식하고 무심한 남편 만나 사람대접 못 받고 산 세월이 억울하다고 했다. 그녀는 영원히 살 것 같이 자기 삶에 대해서만 말했고 나는 얼마 남지 않을 것만 같은 그녀의 죽음을 속으로만 걱정했다.

그녀는 밤마다 자기의 삶을 되새김질하면서 오물을 쏟아내듯 한과 서러움과 울분을 토해냈고 낮에는 조용히 평안을 얻으며 서서히 정화되어갔다.

어느새 나는 그녀의 가장 가까운 보호자가 되어 있었다.

그녀의 관심사는 이미 평생을 바쳐온 남편도 자식도 아니었다. 그녀는 그제야 온전히, 자신만의 삶을 오롯이 살아내고 있었다. 그렇게 밤마다 의사도 간호사도 가족도 모르는 우리만의 은밀한 시간을 공유한 지 아흐레쯤 되었을까. 그녀는 비로소 마음의 매운 매듭을 모조리 풀어버린 듯 보였다.

"하나님이 나에게 천사를 보내주셨나 봐."

졸지에 나는 천사가 되어버렸다. 가당찮게 내 생애 최고의 찬사를 들었다. 내가 천사가 되어버린 것이 좋은 게 아니었다. 그녀에게 무엇이 되어도 상관없이 그녀가 평안을 찾은 것이 기뻤다.

언젠가 죽음을 맞이하게 될 때가 오면 천사를 따라가라고 말했더니 맑은 얼굴로 끄덕이며 순하게 웃었다.

그리고 한 이틀 지났을까, 물리치료를 받고 와보니 침대가 비어있었다. 위중해져 중환자실로 옮겼다고 한다. 한 시간 전에도 멀쩡했는데 이럴 수가, 중환자실로 내려 가보니 면회금지였고 면회시간이 되어 다시 가보니 운명이 가까워오자 산소호

흡기를 달고 퇴원했다고 했다.

그녀와 나는 그렇게 사연 하나를 만들고는 허망하게 헤어져 버리고 말았다.

그리고, 그 후, 이맘때가 되면 가끔씩 나는 그녀를 추억한다. 거의 먹지 못하고, 잠도 못 자며 함께 했던 열하루 동안의 사연들을 조문한다. 내가 그녀에게 의도하지 않고 천사가 되었던 것처럼 그녀도 내게 천사가 되어 어떻게 살아야 하는지를 되새겨주고는 하는 것이다.

(2015.10.)

아주 사소한 무엇 하나가

서울에서 고등학교를 다닌 아들은 군대를 마치고 호주와 말레시아를 거쳐 우여곡절 끝에 영국학위를 받았다. 대학원에 진학하는 대신 등록금을 가지고 혈혈단신 쿠알라룸푸르로 건너가 조그만 건축디자인 사무실을 내고 고군분투한 지 한 3년 되었을까, 갑작스레 귀국해서는 부모님이 여자 친구를 만나보고 허락하면 결혼하겠다고 한다. 중국계 여자 친구가 생겼다고 해도 만나다 말겠지 했었다.

아들 가진 어머니는 누구나 그렇듯 나도 며느리가 생기면 친구처럼 딸처럼 마음을 나누고 싶은 '로망'이 있었다. 이를테면 내려오는 가풍이나 가족들, 또는 아들의 좀 특별한 습관이나 성격에 대해 모국어로 이야기를 나눈다거나 내 작품을 읽고 보고 느낀 생각을 나누고 싶은, 그런 것 말이다. 그런데 영어로 말하고 쓰는 며느리를 허락하라고? 허리가 휘어가며 유학자금을 댔더니 말도 안 통하는 아이와 결혼하겠다고?

아무리 성에 차지 않더라도 아들의 인생이다. 아들의 성정으로 봐서 반대하면 선선히 결혼을 안 하겠지만 노총각으로 늙어갈 테니까 포기할 건 빨리, 승낙할 바엔 쾌히 승낙할 수밖에 없는 것이다.

그렇게 작정하고 나니 진즉부터 예정되어있던 일처럼 머리는 순간에 적응하고 손은 빠르게 움직였다.

"어차피 승낙할 바엔 만나볼 것 뭐 있어? 그냥 승낙할게."라며 젊을 적 직접 디자인해서 아끼던 청홍 에메랄드와 루비 반지 한 쌍을 비단주머니에 싸고 수락편지를 써서 건넸다. 외국 며느리 싫다는 엄마 때문에라도 숙고할 만큼은 했겠지. 흔쾌한 승낙에 아들은 좀 놀랐겠지만 어차피 아들이 행복하다면 더 바랄 게 무어 있을 것인가. 은근히 부아가 났지만 며느리에 대한 기대나 바람을 내려놓기로 했다.

받아놓은 날은 빨리도 온다. 혼서지를 쓰고 미리 맞춘 신부한복을 싸고 하얀 악어문양의 핸드백에 커다란 원형 화이트오팔반지를 예물로 넣어 납폐의 예를 갖추니 아들 장가보내는 실감이 났다. 6시간이 넘는 비행 끝에 드디어 목요일 한밤중에 쿠알라룸푸르에 도착했다.

금요일 오후에 상견례, 토요일 결혼식을 치르고 일요일 아침이다.

오전에 새 며느리와 아파트 단지 내에 있는 노천풀장에서 수영을 하고 오후엔 아들네 집에서 별로 멀지 않은 사돈댁에서 티타임을 갖고 저녁엔 연어회에 불고기, 잡채와 와인을 곁들인 조촐한 저녁상을 차렸다. 덕담과 기도로 만찬을 끝내고 월요일 새벽 공항으로 향했다. 이렇게 번갯불에 콩 튀겨 먹듯 4박 5일의 결혼식 일정이 끝났다.

벚꽃이 흐드러진 봄 아들네가 한국으로 신혼여행을 왔다. 여름옷밖에 없는 아들은 제 아버지의 옷을 입고 며늘아기는 내 옷으로 갈아입고 집에서 며칠 머물면서 전주한옥마을과 미륵사지를 둘러보고는 제주도 다녀와서 며칠 같이 지내는데 새 며느리는 인상이 좀 고약해 보인다는 나를 도무지 어려워하지 않는다. 뭐든지 해주는 대로 잘 먹고 피곤하면 아무 때나 잠도 잘 자면서 굳이 잘 보이려 애쓰지도 않는다. 하도 편안해보여 노상 같이 살던 식구 같은 아이가 저녁을 먹고 나더니 슬그머니 내 어깨를 주무르기 시작하는 게 아닌가. 어떻게 하나 보려고 짐짓 가만히 있자니 아예 엎드리란다.

힘들 듯싶어 "스톱!" 하자니 화난 사람 같고 "애썼네."를 "땡큐!"로 하자니 아무래도 그건 아니다. 싱겁다.

에라 모르겠다. "그만 해. 애썼어. 이 조그만 손이 고생했네." 손가락을 만져주며 그냥 우리말로 했더니 알아듣는 눈치다. 배시시 웃는다.

이 세상 넓은 천지에 어떤 인연으로 엮이어 생판 모르는 곳에서 살던 아이와 가족으로 만났는지 생광스럽기만 하다. 이런 내 마음을 어떻게 전하겠는가. 느끼면 느끼겠고 모르면 할 수 없는 일이지.

그 아이에게 해주고 싶은 말은 영어사전에도 없는 말이 태반이다. 며칠 동안 그 아이와 나는 어쩔 수 없이 언어의 절약법을 써가며 지내야 했다.

말이 통하지 않는다고 해서 마음이 안 통하는 건 아닌 것이다. 반찬 만드는 걸 배우고 싶어 하면 그저 만드는 걸 보여주며 간을 보게 하였고 예쁘면 만져주었다.

그렇게 우리는 무언의 많은 말을 나눴고 아들 내외는 저희 집으로 돌아갔다.

다시 우리 부부만 남았다. 아침밥을 지으려는데 싱크대 위에 조그만 철망이 달려있고 그 안에 수세미가 들어있다. 쇼핑하러 마트에 간다더니 며느리가 사다가 달아놓은 모양이다.

싫든 좋든 밥할 때마다 수세미 망을 볼 수밖에 없고 볼 때마다 그 아이가 생각난다. 보송보송한 수세미를 꺼내 설거지를 하고 탈탈 털어 망에 넣는다. 아주 사소한, 선물도 아닌 무엇 하나가 아침저녁으로 내게 안부를 물어온다.

(2015년 7월)

남편의 눈물

내 남편은 눈물이 많다. 무슨 남자가 그리도 눈물이 많은지, 하도 잘 우니 반대로 내가 점점 눈물이 없어져버렸다

남편의 눈물을 처음 본 것은 난산 끝에 딸아이를 출산하고 기진맥진해져서 누워있을 때였다. 입원실 창밖을 바라보며 울고 있는 남편의 뒷모습을 보며 아마도 작고하신 시어머니 생각이 난 게라고 짐작하고 말았다. 하나 자다가 언뜻 눈을 떠보면 한밤중에 새근새근 자고 있는 갓난아이를 내려다보고 있는 남편의 모습에 그게 다가 아니라는 생각이 들었던 것이다.

고등학교 입시경쟁이 아무리 치열하다 해도 합격할 정도로는 성적이 괜찮았던 아들이 커트라인에 걸려 떨어진 걸 확인한 남편은 한참이나 수도꼭지를 틀어놓고 눈이 빨개지도록 울었다. 떨어진 아이는 어쩌라고 그렇게 울 일인가 말이다. 코 빠뜨

리고 제 방에 박혀있는 아이에게 "고등학교 떨어졌다고 인생이 끝난 게 아냐!"라며 스키장으로 등 떠미는 것으로 나는 무거운 기분을 무마하고 말았다.

여기까지 들으면 혹자는 남편의 인상이 아주 여릿하게 생겼거나 유순하게 보일 것으로 짐작할 듯싶으나 천만의 말씀이다. 신혼 초 친구가 놀러 와서 남편을 보더니 무서워 어떻게 같이 사냐고 물어볼 정도였다. 숯검정 눈썹이 치켜 올라가 아닌 게 아니라 인상이 좀 강해보이기도 했을 것이다. 지금은 세월의 더께가 얹혀 그나마 좀 부드러워 보이지만 그때까지만 해도 남자답게 생기다 못해 군인이나 경찰일 것만 같은 인상이니 그리 생각하는 것도 무리는 아니었다. 더구나 수틀리면 가만 안 있을 뿐 아니라 누구라도 비겁한 짓을 하거나 바르지 못하면 쥐뿔도 없는 사람이 죽어도 그 꼴을 못 보니 강성은 강성이다. 따지고 보면 약한 사람한테는 한없이 약하고 강한 사람한테는 더 강한 사람이 남편이다. 그런 사람이 걸핏하면 눈물을 줄줄 흘린다면 누가 곧이듣겠는가 말이다.

나이 들어가며 몸도 마음도 약해져서인지 눈물이 더 많아졌다.

쿠알라룸푸르에서 살다가 오랜만에 다니러온 아들이 "내일이면 아들 가네요."라며 제 아빠의 팔을 만졌더니 갑자기 눈물을 흘려 아들을 당황하게 만드는가 하면 다큐프로의 학대받는 아이를 보거나 감성적인 노래를 듣다가도 눈이 빨개지는 것이다. 심지어는 말다툼을 하다가도 약 오르면 운다. 남편의 눈물 앞에 할 수 없이 나는 꽁지를 내려야 한다. 좀 너무하다. 그러나 속수무책으로 나오는 눈물을 자기도 어쩌겠는가. 말린다고 되겠는가마는 정신건강에는 좋을 수도 있으니 내버려두기로 했다.

말레이 항공 비행기가 상공에서 갑자기 사라져버린 사건이 있은 직후 갑작스레 아들이 귀국했다.

"어머니, 만약에, 만약에 말예요, 그 비행기에 내가 탈 수도 있었잖아요. 혹 그런 일이 생기더라도 너무 슬퍼하거나 상심해서 어머니 아버지의 삶이 피폐해지지 않았으면 해요. 저는 지금까지도 충분해요. 어지간히 하고 싶은 일 다 해봤고 누릴 만큼 누렸으니까요. 그 말씀드리려 부랴부랴 왔어요."라는 것이다.

그 말을 아빠한테도 하고 싶지만 차마 못하겠단다. 만의 하나 그런 일이 생기면 그때 아빠한테 전해주란다. 아들의 말을 들으면 보나마나 남편은 또 걷잡을 수 없이 울 것이 뻔하다.

아들이 쿠알라룸푸르에서 결혼식을 했다. 번갯불에 콩 튀듯 아들의 결혼식을 치르고 나흘 만에 집으로 돌아오기 위해 공항에서 아들 내외와 작별을 했다.

"잘 살아라."

아들과 며느리를 안아주고 입국장으로 들어서는데 느낌이 이상해서 돌아다보니 남편은 또 울기 시작한다. 한국으로 신혼여행을 오는 아들 내외를 금방 다시 만날 텐데도 말이다. 아예 손수건으로 얼굴을 닦는데 눈물이 줄줄 흐른다. 뭐라고 말해봤자 피차에 무렴할 듯싶어 고개를 돌려 못 본 척했다.

우리가 타야 할 비행기의 게이트는 8번인데 이게 웬일인가. 6번까지 순서대로 잘나가던 게이트가 6번 다음에 9번으로 건너뛰어 있는 게 아닌가. 아무리 눈을 비비고 다시 봐도 8번이 없다. 이리 뛰고 저리 뛰고 온 길을 되돌아가보니 7번 게이트는 있는데 8번이 빠져있다. 이러다 비행기 놓치겠다 싶어 허둥대며 무작정 앞으로 뛰어가다 보니 참 별꼴이다. 11번 옆구리에 8번이 살짝 숨어있는 게 아닌가. 그야말로 혼비백산이다. 가까스로 비행기에 올라 자리를 잡고 앉아 남편을 보니 언제 울었는가 싶게 눈물은 쏙 들어가 버리고 가쁜 숨을 몰아쉬고 있다. 슬그머니 웃음이 나왔다.

엉엉 울다가, 길을 잃고 헤매며 뛰다가, 한숨 돌리고 간혹 웃기도 하는 게 인생인가 보다.

그러니 울고 싶으면 울기도 하고 웃음이 나면 웃을 일이다.

생전 낮잠이라고는 모르던 남편이 잠을 잔다. 옆으로 누워 오그리고 잠들어 있는 모습을 보고 있자니 몇 년 전까지만 해도 산같이 넓고 강인했던 남편의 등판이 너무나 허술해 보인다. 팔을 잡히면 꼼짝달싹 못하고 항복을 선언해야 했던 내가 이젠 그를 업을 수도 있겠다. 숨소리마저 허약하다. 한세월 숨

가쁘게 돌고 돌아 달려온 아프고 고단한 인생이 잠을 잔다. 세 동생의 형이, 두 아이의 아버지가, 한 여자의 지아비가, 이 땅의 늙은 남자 하나가 쓸쓸히 낮잠을 잔다.

생각지도 않게 눈물이 핑 돈다. 목이 멘다. 흉보다 닮는다고 어느새 나도 남편한테 눈물이 전염되었나 보다.

(2016. 봄)

떫은 감이 익어 단물이 고이듯

여고 후배가 결혼하고 오랜만에 고향엘 왔다. 여전히 화사하고 맵시 있는 모습으로 앉아 있다가 반갑게 맞이한다. 드문드문 통화로 문자로 갖은 죽는 소리 다하더니만.

서양미술의 본고장으로 유학을 갔다 와 여러 대학에서 강의와 작업을 하며 자유를 구가하던, 그저께는 서울에, 오늘은 나를 만나고 내일은 일본에 간다며 활기차던 사람이 경상도 내륙 어딘가에 있는 시골집에서 보수적이고 엄격한 지아비를 섬기며 살림하기도 힘들 텐데 대소가 섬기며 전실 자식들을 돌아보아야하니 말 안 해도 얼마나 힘이 들지 짐작이 가서 내색은 안했지만 내심 애가 탔었다.

작업은 아주 손을 놓았단다. 하기는 평생을 해왔는데 좀 쉰들 어떻겠는가. 종일 새벽부터 뜰 가꾸고 밭 매고 세 끼 식사

준비하고 청소하느라 허리 펼 새 없고 손에 물마를 새 없이 집안에서만 뱅뱅 맴을 돌며 산단다.

그는 육체노동의 매력에 빠져있나 보다. 좋지. 정신이 맑아질 것이다. 특유의 사교적인 성격으로 그는 벌써 동네사람들과도 친숙하게 지내고 있단다.

힘들다고 징징댔던 건 그러니까, 어리광이었구나, 적이 안심이 된다.

"선배님이 꼭 제 결혼식 사회를 봐주셔야겠어요."

부탁이 아니라 숫제 명령이다.

한 2,3년 되었을까. 만나자며 후배는 기어이 오밤중에 나를 불러내더니 겨우 보름 전에 선 본 사람하고 보름 후에 결혼하겠단다.

"이 나이에 사회를 보라니? 주례라면 몰라도…. 네 후배한테 해달라고 하든지, 동창한테 부탁해!"

말도 안 되는 소리 하지도 말라며 손사래를 쳤더니 내가 사회를 봐줘야만 자기가 잘 살 수 있을 것 같다고 우겨댄다. 난감하기 그지없었지만 결국엔 결혼생활 잘못되면 선배가 책임지라는 억지에 반강제적으로 승낙하고 말았다.

더 늦기 전에 결혼하겠다며 소개팅에 맞선에 바쁘게 왔다 갔다 하면서도 이 사람은 이래서 싫고 저 사람은 저래서 망설여진다며 마음을 못 잡던 후배가 대체 얼마나 괜찮은 사람이기에 이리도 서두르는지 몰라 멍하니 바라보니 저간의 사정을 털어놓는다.

상처한 지 얼마 안 되는 신랑감을 보며 짠한 마음이 들었단다. 시골집으로 초대를 하기에 집에서 해먹는 밥이 그리울 것이라는 생각에 나물 두어 가지, 두부 한 모, 돼지고기 반 근을 끊어가지고 가 김치찌개를 끓여 차린 정갈한 밥상을 마주하며 정해진 짝이라고 마음먹었는지 모르겠단다. 신랑감은 퇴직하기 전에 결혼해야 연금승계가 된다며 결혼식을 올리기도 전 혼인신고부터 하자고 서둘렀단다. 먼저 세상 뜰 것에 대비하여 배우자의 생계를 염두에 두는 배려가 고마웠다. 이미 다 된 밥을 먹기만 하면 될 판에 좀 더 생각을 해보라고 초칠 하등의 이유가 없는 것이다.

결혼식엘 가도 사회 보는 사람이 어떻게 하는지 눈여겨 본 적도 없고 여자사회자는 물론, 아무리 나이든 사람 결혼식이라도 흰머리가 희끗한 여자사회자는 더구나 본 적이 없으니 후배가 참, 첨단은 첨단이다. 신랑감이 자기 지인한테 부탁할 듯도 싶으련만 부인될 사람한테 일임을 한 걸 보면 적어도 배우자를 무시하거나 비하하지는 않을 듯싶어 은근히 좋기도 했다.

기왕에 봐줄 거면 격조 있고 멋있게 진행하고 싶어 식 순서를 쓰고 화사하지만 튀지 않는 옷으로 골라 말끔히 다려놓는 등 단단히 준비를 하였다. 드디어 결혼식 날 서둘러 결혼식장으로 향했다.

오십이 넘은 신부와 회갑이 지난 신랑의 조촐한 결혼예식을 보기 위해 가까운 지인들이 일찌감치 식장으로 들어와 원탁에 자리 잡고 덕담을 나눈다. 내게 신랑을 소개하는 신부와 신랑이 벌어진 입을 다물 줄 모른다. 신랑 왈, 복권을 탔단다. 주례를 맡아줄 목사님과 인사를 나누고 식순을 상의한 후 자리를 돌며 인사를 하니 제법 식을 주도하는 기분이 난다.

식을 시작하기 전, 간략한 내 소개와 사회를 보게 된 사연을 설명하고 신랑 신부의 약력소개를 한 후에 예식 순에 따라 진행된 식은 목사님의 축도로 끝났다. 덧붙여 신랑신부를 중매해주신 분을 소개하고 덕담을 끝으로 결혼식을 마무리했다. 흔히 하는 결혼식과는 좀 다른 양식의 결혼식은 화기애애하고 조용한 가운데 진행되었다. 하얀 세모시 한복을 입고 단아하게 서 있는 신부와 깔끔한 잿빛 양복 차림의 흰머리 신랑이 서 있는 단상은 경건하였고 예식을 한껏 품위 있게 만들었다.

사회를 잘 봐줘서 흡족하고 좋았다는 신랑 말씀을 전해 와서 "네가 잘 살면 족하다."고, 힘에 부치지 않을 만큼 참고 누리고 베풀며 여생을 보내라고 당부했다.

후배는 징징대다가도 심심하면 뜰에 핀 백합, 접시꽃과 오이, 호박, 토마토 같은 열매를 찍어 보낸다. 어제는 이발한 듯 가지런히 매달아 건 시래기 등속과 가을 숲 사진을 보내며 삭막한 환경에 지쳐 심신이 구겨져 있는 나를 기죽이고는 으쓱이며 신났다.

며칠 전에는 새색시처럼 빨갛고 얌전한 청도 반시를 보내왔다. 익는 대로 한두 개씩 골라먹는 재미가 쏠쏠하다.

단단하고 떫던 감이 말랑하게 익어 단물이 고이듯 후배의 삶도 그렇게 익어갈 것이다.

밥값

여름내 신열을 앓았던 나뭇잎들이 붉은 열꽃을 피우기 시작할 즈음이었다.

“나, 파킨슨병이래.”

수화기를 통해 전해지는 목소리가 너무도 명랑해 처음에는 잘 알아들을 수가 없었다. 마치 “손자들 와서 같이 놀아야 해.”라는 말씀을 하신 걸로 착각할 정도였다. 오래 살면 반 도사가 되는지는 몰라도 어떻게 그리 평정심을 갖고 계신지 모를 일이다. 불과 몇 달 소식 뜸하던 차에 단체전 작품 자료사진 때문에 드린 통화 중에 하신 말씀인 것이다.

워낙에 고령이라 언제 어떻게 짚불 사그라지듯 할지 모를 노릇이라고, 작년 이맘때 화실에 들렀다 가시는 뒷모습이 유난히 좁아 보일 때부터 얼마 남지 않았는지 모를 일이라고 마음에 단단히 일러두었지만 이리 빨리 닥치리라곤 생각도 못한 일이었다.

이 선생님은 우리 청소년 시절 이 지역의 소문난 수학강사셨다.

대단한 실력의 소유자인 선생님의 수학강의는 늘 학생들이 몰려들어 수강신청을 받자마자 마감이 되곤 했다. 스타강사였던 셈이다.

8,9년 전이나 되었을까. 문화센터 한국화 강좌에서 이 선생님을 처음 만났는데 호리호리한 몸매에 깐깐한 성품으로 문인화를 열심히 연마하시는 모습이 참 건강해 보이셨다. 퇴임한 후, 붓 잡기 시작해서, 이미 몇 년 동안이나 서예와 문인화를 연마해 오고 있던 선생님은 상당한 수준의 작품을 해오시곤 하셨다. 개인적인 사정으로 한국화 강의는 중단되었지만 선생님은 댁 가까이에 있는 내 작업실에 자주 찾아와 이것저것 궁금한 것도 물어보고 작품 평도 부탁하곤 하셨다.

취미로만 하실 게 아니라고, 미협에 가입을 권유하고 지역 미협 고문에 추대하여 원로작가의 위치를 자리매김해드리기도 하면서 이런저런 일 때문에라도 선생님과는 돈독한 관계를 맺을 수밖에 없었다.

"나랑 저녁이나 먹을랑가?"

"선생님, 저, 일 있는데요."

생각하니 송구스런 일 참 많이도 했다. 은퇴한 선생님께 매번 밥 얻어먹는 일도 송구스러워 적당한 이유를 대 슬그머니 빠져나간 적이 어디 한두 번이던가.

선생님 친구분들은 거의 세상을 떠나거나 병석에 누워있어 술 한 잔 사려야 살 사람도 없다며 나를 볼 때마다 밥 먹자는 말씀을 하셨다. 어디 밥 먹자고 할 사람이 없어서겠는가. 노상 추워 보이는 내게 따뜻한 국 한 그릇 먹이고 싶은 마음인 걸 왜 모르겠는가.

어쩌다 가뭄에 콩 나듯 저녁을 먹을 때면 선생님은 동석한 우리들에게 회고록을 쓰곤 하셨다. 참 치열하고도 긴 여정이었다며 다시 한 번 살아볼 수 있다면 수학선생으로 살고 그림 그리고 음악하며 살고 싶다고 하셨다.

어느 저녁이었다. 저혈압인 선생님은 벌써 소주를 반병이나 마시며 이런 저런 얘기를 풀어 놓으시는데 같이 간 성주와 난 구운 고기가 어찌나 입에 살살 녹던지 선생님 말씀은 듣는 둥 마는 둥 고기 먹는 일에 정신이 팔려 허겁지겁 다 먹어버리고는 추가로 2인분을 더 먹어치우고서야 부른 배를 문지르며 선생님을 바라봤던 기억이 난다. 별로 고기를 탐하는 것도 아닌 내가 어찌나 맛있게 먹었던지 지금도 그때 먹은 고기육질의 맛이 입에 감겨 침이 고일 정도다.

선생님과 같이 먹은 밥자리가 어디 그때만 기억에 남아 있겠는가. 선생님은 소주를 유난히 맛있게 마셨다. 선생님이 소주를 드시는 동안 나는 주로 밥을 먹었다. 선생님 연배가 되면 나도 후배들에게 빌려줄 건강하고 따스한 어깨를 가져야지. 후배들에게 아낌없는 술 한 잔 사주는 선배, 그리 되고 싶었다.

참으로 염치없지만 지난 세월 동안 나는 선생님과 함께하면서 밥값이나 술값을 단 한 번도 내 본 적이 없다. 아니 낼 수가 없었다. 늘 평온하고 온화한 모습의 선생님이셨지만 내가 어쩌다 밥값을 내겠다고 말씀드리면 단호하게 말리는 선생님 때문에 감히 낼 수가 없었던 것이다.

"자식 가르치는 어미는 허투루 돈 쓰는 게 아니다."

아이의 외국유학 뒷바라지를 하는 내 처지를 두루 살피고 계셨던 것이다.

선생님 앞에서 지갑을 여는 건 막무가내로 못하게 하셨지만 어쩌다가 화선지나 붓, 깔판 같은, 새로 나온 재료 등을 나눠드리면 아주 좋아하며 받으셨다.

봄꽃들이 다투어 피어난 화창한 날이었다. 선생님 모시고 성주네 음식점에 갔다.

"오늘은 제가 낼게요."

아이가 드디어 졸업했다며 의기양양하게 말했다.

"그러면 가을부터나 내소."

그런데 밥값 내라던 이 가을에. 파킨슨병이라니, 그래서 바깥출입을 조심해야 한다니, 그러면, 나는 어느 세월에나 선생님께 맛있는 밥 한 끼 소주 한 잔 대접할 수 있으려나.

가을은 점점 깊어지고 여름 강수량이 많아서인지 단풍은 요 몇 년 동안 보기 드물게 예뻐 아침마다 집을 나서면 눈이 황홀한데 마음엔 선생님이 떠나지 않는다.

산수화를 배우고 싶어 하던 선생님은 결국엔 시작도 못해보고 마는구나. 절대적 내 편을 들어주는 또 한 분의 어른을 잃어버리게 되는구나.

폐 끼치는 게 싫은 선생님이 모시러 간다는 걸 마다하시고 4층 작업실에 쉬엄쉬엄 올라오셨다. 단체전에 낼 두루마리 문인화 한 점을 가시고 오신 것이다. 병세를 늦추는 약을 복용하고 열심히 운동하는 일로 하루를 보내신다고 한다. 그림을 펴니 매화가지에 꽃이 화사한데 새 한 마리가 선생님인 듯 기지에 단정하게 앉아있다. 나뭇잎 지는 늦가을에 화사한 매화꽃이라…….

밥 먹으러 가자는 선생님께 "밥값은 누가 내는데요?" 어리광을 부리니 선생님 왈, "당연히 내가 내지." 가을부터는 내가 내기로 했잖느냐고 했더니 무효란다.

밥값을 선생님이 내면 어떠랴. 선생님이 사주시는 밥을 먹고 밥값을 잘 하는 게 선생님께 대한 나의 도리일 거라고 짐짓 자위해 본다. 어떻게 살아야 비싼 밥값을 하는 걸까.

약 잘 챙겨 드시고 운동 열심히 하면서 한 십 년만이라도 더 사시면 그런대로 괜찮은 일이라고, 손이 떨려 그림 그릴 기분이 영 나지 않는다는 말씀에 떨리면 떨리는 대로 운필을 하시라 했다. 붓 타령을 하시더니 두 자루를 챙겨 드신다. 작업실 분위기에 아마도 그림 그릴 의욕이 솟아난 듯하다.

선생님과 나와의 이야기는 이렇게 계속될 것이다. 선생님 말씀마따나 벌어놓은 돈 다 쓸 때까지는.

그러나, 그러나 말이다. 선생님의 말년이 유난히도 화려한 금년 단풍처럼 밝고 화사하게 빛나기를 빌어보는 내 목소리는 허공에 흩어지고 마음은 무겁기만 한데, 이제 곧 겨울이다.

그래서 친구다

소설가 홍 선생님과 서양화가이며 미술평론가인 연풍이는 커피친구다.

둘은 일주일이면 한 닷새쯤 선생님 댁 근처에 있는 조용하고 따뜻한 느낌이 나는 '커피하임'에서 만나 한담을 나눈다. 홍 선생님은 아메리카노 한 잔, 연풍이는 에스프레소 두 잔을 마시고 간단히 헤어진다. 커피회동은 2,3년 동안이나 계속되었다. 대부분 타산지석과 반면교사가 어떻게 다른가라든가, 뉴스시간에 전염이라는 단어를 쓸 자리에 전파라는 말을 쓰는 엉터리 아나운서가 있다라든가 하는 가벼운 얘기를 나눈다. 홍 선생님은 전후에 활동하던 문인들, 이를테면 '명동백작' 등의 기행과 사연들을 실감나게 얘기하셔서 몇 번씩 들어도 매번 새롭고 흥미롭다. 어찌나 기억력이 좋은지 세세한 내용까지

실감나게 표현하신다. 요즘엔 집필하는 자전소설의 내용을 알려주셔서 선생님의 파란만장한 일대기를 거슬러 올라가 보기도 한다.

선생님과 연풍이는 각자의 지인들이 찾아오면 그 커피숍에서 같이 만나고 같이 밥 먹으러 가곤 해서 서로 모르는 일이 없을 정도다. 나도 자투리 시간이 나거나 만난 지 좀 오래됐다 싶으면 전화도 안 하고 불쑥 찾아간다.

그러던 어느 가을날, 홍 선생님 혼자 계시다가 내가 자리에 앉기 무섭게 말씀을 꺼내셨다.

"어떤 묘령의 여인이 말이다, 한 열흘 전에 나 커피 마시라고 돈을 맡겨놨단다. 대체 누굴까?"

팔십 중반의 선생님은 홍조 띤 얼굴빛으로 일성을 내지르셨다. 암만 생각해도 짐작이 가는 사람이 떠오르지 않으신단다.

"선생님, 이 가을에 회춘하시겠네." 나도 덩달아 목소리를 방방 띄우며 맞장구를 쳐드렸다.

며칠 후, 이번에는 혼자 앉아있는 연풍이 앞에 자리를 잡고 앉는데 연풍이 왈, "어떤 여자가 홍 선생님 커피 값을 맡겨놔서 나까지 공짜 커피를 마시고 있는데 누군지 궁금해 죽겠다."는 것이다. 나하고 약속한 커피숍 주인이 끝내 알려주지 않았던 것이다.

"누구긴 누구야, 나 아니면?"

당분간 선생님께는 말하지 말라는 내 말에 "나, 입 싸!"다며 그날 바로 선생님의 꿈을 무참하게 깨트려 버렸다.

"에이, 입 싼 친구, 그 대가로 돈 내고 커피 마셔야 할 것이다."

그런데 얼마 안 가 연풍이 제자가 커피숍에 상당한 돈을 맡겨놓아 선생님과 연풍이는 여전히 공짜커피를 마신다.

작년 추석 때다. 연풍이 제자가 찾아와 금일봉과 거한 선물을 내놓으며 옆에 계신 선생님께도 백화점 상품권과 식사대접을 하고 갔노라고, 연풍이 덕분에 뜻밖의 선물을 받았다고 말씀하셨다. 선생님의 제자인 나는 연풍이 제자 선물에 비하면 어림없이 약소한 천연건강음료 두 박스를 사가지고 선생님을 만났다. 선물은 양보다 질이라며 연풍이가 선생님 친구 아니면 내 선물이 가당키나 할 것이냐고, 선생님도 큰소리 빵빵 치며 한 박스는 연풍이한테 주시라고 눙쳤다. 선생님은 당연히 내 속마음을 짐작하고도 남으셨을 것이다.

중 일학년 때 국어를 가르쳐주신 홍 선생님은 그때 이미 소설가로 문명을 떨치고 계실 때였다. 숙제로 낸 짧은 글을 두고 글 쓰라는 선생님의 다그침을 나는 못 들은 체했다. 대문호가 되지 못할 바엔 아예 원고지를 더럽힐 필요가 없다는 게 되지 못한 이유였다. 문예반 활동도 교지 편집위원도 마다하고 제멋대로 교칙을 위반하며 영화관에 직행하기 일쑤였다. 실은 글이란 천재들이나 쓸 수 있는 것이라는 생각에 글 쓰고 싶은 욕망으로부터 도망쳤는지도 모른다. 홍 선생님 말고도 문학의 전범을 보여주신 쟁쟁한 이력의 국어선생님들 덕분인지, 이러구러 세월이 흘러 자의반 타의반으로 어찌어찌 등단하게 되었다.

삶이란 결과도 중요하지만 과정 또한 결과 못지않게 중요하다는 생각이 들기 시작할 때였다. 아무리 질 좋은 옥석이라도 갈고 닦지 않으면 보석이 될 수 없다는 생각이 들기 시작할 즈음, 부족하면 부족한대로 계속 쓰다 보면 안 하는 것보다 낫겠다 싶을 때 수필가가 되었다.

열세 번째 한국화 개인전 도록을 드리기 위해 선생님과 나는 아메리카노 한 잔씩을 앞에 놓고 앉았다. 오후의 짱짱한 햇빛이 무료함과 적당히 뒤섞여 커피향이 개운하게 첫입을 적실 때였다.

"박미서, 입지전적인 인물이다."

도록을 꼼꼼히 들여다보던 선생님이 그림이나 글과는 거리가 멀어도 한참 먼 공대 출신인 나를 두고 하신 말씀이다.

입지전적이기로야 선생님만 하겠는가? 어려서 조실부모하고 백부 댁에 얹혀 살며 수재들의 전당인 사범학교에 합격했으나 재학 중에 사상범으로 체포되기도 하는 등 고초를 겪으신 선생님. 지난한 가족사를 극복하고 초중고교 교사를 거쳐 대학의 국문과 교수가 되어서는 내로라하는 소설가를 열 손가락도 넘게 배출하셨으니 말이다.

"그러게요. 쓰라고 하실 때, 진즉 썼으면 훨씬 좋은 글 쓸

텐데요."

"지금도 괜찮아."

선생님은 순하게 말씀하셨다. 그래. 맞다. 지금도 괜찮다. 나는 참 마음이 편안해졌다. 역시 한 번 스승은 영원한 스승이다.

선생님 곁에 있어 심심하면 내게 선생님 친구대접을 받는 연풍이는 남편의 후배이며 내 동창생이다. 연풍이 친구들 중에는 남편 때문에 알게 된 나를 '형수씨'라고 부르는 사람들이 여럿 있다. 그러나 연풍이는 나를 먼저 알았으므로 당당하게 '박미서!'라고 큰소리로 부른다. 연풍이는 그 점을 참으로 다행이라고 말한다.

연풍이는 내 친구다. 그리고 연풍이는 홍 선생님 친구다. 그러므로 나는 홍 선생님 친구다. 그래서 우리는 가끔씩 커피도 마시고 밥도 먹고 술도 마시며 같이 논다.

(2012. 겨울)

자동차와 나

새 차를 처음 본 후배가 엄지손가락을 추켜세우며 "일빵일빵이네."라고 외쳐댔다. 일을 빵빵하게 하란 뜻인지는 모르겠지만 그때부터 내 차는 일빵이라고 불리워지기 시작했다.

"너, 늙었다고 버리란다."

왈칵 눈물이 쏟아졌다. 1, 2년 내에 이런 날이 오리라고 짐작하고는 있었지만 이렇게 빨리 올 줄 몰랐다. 전주 가는 길에 엔진오일도 갈 겸 점검받으러 카센터에 들렀더니 이제 더 이상은 무리니 그만 타는 것이 좋겠다는 것이다.

"그동안 애 많이 썼다, 정말 애 많이 썼어. 고맙다."

1시간 동안 차를 타고 가면서 계속해서 눈물을 훔치며 핸들을 쓰다듬었다.

월요일부터 금요일까지 학교를 옮겨 다니며 수업을 해야 했기 때문에 차가 내 발이 된 지 어언 20여 년이 다 되니 왜 안 그렇겠는가. 그동안의 족적이 고스란히 축적된 나만의 유일한 공간이 아니던가. 차와 함께한 지난 세월의 이야기들이 영화 필름처럼 눈앞을 스쳐지나간다. 새 차 산 것을 기뻐하시는 아버지와 함께 시끌시끌하게 시승하던 일, 유학 가 있는 아들의 등록금을 챙길 수 없어 애태우다가 어두운 밤 아파트 주차장에서 집에 들어가지도 못하고 차 안에서 하염없이 앉아 있던 일, 한강변에 있는 갤러리에서 초대전을 할 때의 사연을 어찌 잊을 수 있겠는가. 승용차에 싣고 돌아올 만큼만 그림이 남겨졌으면 하는 바람이 이루어져 차에 소품 13점만을 싣고 집으로 출발했다. 대충 계산해 보니 꼭 필요한 만큼의 돈이 만들어진 것 같아 "이젠 됐구나." 하는 안도의 눈물을 쏟으면서 늦은 밤 고속도로를 달려오던 일, 차와 함께한 내 삶의 흔적들이다.

서울 동생네에서 아들 녀석이 고등학교를 다닐 때였다. 아이 신변에 무슨 일이 있을 것만 같은 예감에 우르르 쫓아올라가 차 속에 앉아 잠깐 동안 얘기를 나누고 내려오려던 참에 "나도 엄마 따라 집에 가고 싶다."고 하는 것이다. 두말할 것 없이 "그러자."며 동생한테 아이랑 같이 내려갈 테니 기다리지 말라고 하니, 고3짜리가 학교를 빠지면 어떻게 하냐고 질겁했다. 그깟 토요일 하루 수업 빠진다고 무슨 큰일 나겠는가. 그날

아들과 많은 얘기를 나누며 집에 내려오던 감미로운 느낌은 내 지난날의 몇 안 되는 행복한 장면 중의 하나이다. 이렇듯 내 차는 나의 행복했던 순간뿐만 아니라 우울하고 슬펐던 시간들을 공유하였다.

시시때때로 나는 내 차가 생물체라는 생각을 떨쳐버릴 수가 없었다. 어떤 때는 신바람 나서 씽씽 달리다가도 어떤 때는 일하기 싫어 떼쓰는 어린아이 같은 느낌이 들곤 하였다. 또 마음이 서글프거나 답답할 때는 말수 적고 속 깊은 친구에게 털어놓듯 속사정을 구시렁거리며 한적한 시골길을 한바탕 돌고 나면 속이 풀리곤 했다.

요 근래에는 사람으로 치자면 구십 노인네 같은 차에게 무리하게 일하자는 것 같아 "고맙다, 네가 사람보다 낫다."며 핸들을 쓰다듬고는 했던 것이다.

차는 내게 단순히 탈 것이 아니었다.

내 사고와 사교의 장이고 나의 피난처요, 비밀장소이고 기도처이기도 했다.

울고 싶을 때는 차 안에서 맘껏 눈물을 흘릴 수 있었고 아무에게도 방해받지 않고 떼쓰듯 기도하곤 했다.

이유도 없이 기분이 가라앉아 가만히 생각해 보니 차를 버려야 하는 일 때문이다. 허지만 빨리 바꿔야 경제적으로도 이익이고 또 이대로 가다가는 치명적 사고를 당할 염려도 있다니 계속 타고 다닐 수는 없는 노릇이다.

차 바꿀 계획이 없다니 몇 년 안 된 중고차를 추천해 주겠단다. 건성으로 알아보라고 했더니 며칠도 지나지 않아 연락이 왔다. 와서 보라는 것이다. 나야 겉모양새나 볼 줄 알지 속을 본들 뭘 알 수 있겠는가. 자타가 공인하는 차 박사라고 알려진 후배에게 검사해달라고 했더니 '오케이' 사인이 떨어졌다. 삼복더위에 카센터 천장에 매달아 놓은 차를 30여 분도 넘게 뒤져 본 정성이 고마워서라도 시운전도 해보지 않은 채 그 차를 선택하기로 했다. 채 30분도 걸리지 않아 그 연회색 차는 내게로 왔다.

그 오랜 세월 혈육같이 동행하면서 의지해온 묵은 차는 차 안의 잡동사니를 마구잡이로 들어내느라 제대로 이별의식도 치르지 못하고 순간에 폐차장으로 보내져버렸다. 주인을 위해 평생을 묵묵히 봉사하다가 죽어서는 살을 베어 먹이는 소처럼 차는 마지막으로 내게 얼마간의 목숨값을 남겨 주고 끌려가고 말았던 것이다.

내게 온 새 차는 연회색 조그만 차여서 여성스럽다. 운전대를 잡으며 나는 마치 일빵이 동생 대하듯 중얼거렸다.

"잘 부탁한다. 너도 일빵처럼만 날 위해 일해다오."

새 차는 기름칠하지 않은 기계처럼 빽빽했지만 잘 지낼 수 있을 것 같은 예감이 들었다.

다음날이다. 바쁜 일 때문에 서둘러 외출준비를 하고 아파트단지 주차장에 섰는데 차가 없는 것이다. 어젯밤 어디다 세워놨는지 아무리 용을 써 봐도 기억이 나지 않는다. 별로 크지도 않는 주차장을 온통 휘젓고 다녀도 흔적이 없다. 외제차도 아니고 새 차도 아닌데 누가 훔쳐갈 리는 만무할 것인데 아무리 뒤져도 없다. 귀신이 곡할 노릇이다. 진땀나고 머리가 돌 지경인데 아차, 그제야 어제 차를 바꿨다는 생각이 났다. 아무 생각 없이 하던 대로 일빵일빵을 찾아 헤맨 것이다. 이번에는 새 차를 찾으려는데 바뀐 차번호가 전혀 생각이 나지 않는다. 뭐였더라? 아무리 머리를 쥐어짜도 모르겠다. 어찌어찌해서 연회색 차의 색깔과 차종을 비교해 겨우겨우 찾을 수 있었다.

새 차를 운전하며 조금 전 일을 생각해보니 귀신에 홀린 것 같고 꿈을 꾼 듯하다.

어쩌면 일빵일빵의 정령이 나를 찾아와 이별의식을 치른 것이라는 생각이 드는 것이다.

(2013. 9.)

내 안의 가시 하나

새벽 3시, 복통 끝에 설사를 하고는 속이 편안해졌지만 이미 잠은 천리 밖으로 달아나버렸다. 다시 잠들기는 그른 듯싶어 불을 켜고 일어나 앉았다.

평생 변비 아니면 설사를 해대며 살살 아픈 배를 달래 온 나는 내 장 속이 궁금했다. 변덕이 죽 끓듯 하는 나처럼 내 뱃속도 이랬다저랬다 변덕이니 틀림없이 정상은 아닐 거라고 지레짐작했다. 그러다 어느 날 장에 이상징후가 보였다. 기어이 올 것이 왔구나, 단단히 맘먹고 대장내시경을 받았는데 의사선생님 왈, 아주 깨끗하단다. 정말 다행이지만 한편 이상하기도 하다. 찬 음식이나 좀 매운 것을 먹은 후, 또는 별 탈 없이 먹은 후라도 툭하면 괜히 설사를 해댔는데도 멀쩡하기만 하다니 이상할밖에. 아마도 배가 제 스스로 아프면서 수시로 속을 깨끗이 비워낸 덕분인가 싶다.

돌이켜보면 나는 한 마리 고슴도치였다. 제 아무리 까칠한 털을 지닌 고슴도치라도 제 새끼를 찌르지는 않는단다. 그 새끼는 자기 어미의 털이 이 세상에서 가장 부드러운 줄 알 것이다.

그러나 내 안의 무수히 돋아난 가시는 그 누가 나를 안아줄 수도, 내가 다른 사람을 품을 수도 없게 만들었다. 가시들은 나를, 그리고 또 남을 찔러대며 수시로 피를 흘리게 하고 아프게 했다.

나는 철저히 혼자였다.

아프지 않으려면, 혼자이지 않으려면 가시를 뽑아내야만 했다. 얼마나 깊이 박혀있는지. 얼마나 가시들이 많은지, 가시 하나가 뽑혀져나갈 때마다 지독한 통증을 견뎌야만 했다. 가시를 뽑아내는 건 누가 해줄 수 있는 일이 아니다. 오직 혼자 해야 할 일이다. 가시가 박혀있던 자리의 고름을 짜내고 소독하고 새살이 돋을 수 있도록 갈무리하는 일도 오직 나만이 할 수 있는 일이었다. 나는 엄살 부리지 않고 게으름도 피지 않으며 변명도 하지 않은 채 묵묵히 그 일을 계속했다. 가시들은 천천히, 그리고 끊임없이 뽑혀 나갔다.

이제와 돌이켜보니 가시를 뽑아낸 건 내가 아니라 내 삶의 역정이었다. 살아온 세월의 맵고 짜고 쓰고 시고 떫은 사연들이 가시 하나하나를 뽑아낸 것이다. 난 그저 가시가 뽑혀질 때마다 통증을 견뎠을 뿐이다.

내 그림은 나를 닮아 날카로웠다. 사람들은 내 그림이 칼칼하다고, 선이 대담하고 거칠다고 했다. 때로는 강렬하다고, 남자가 그린 그림 같다고도 했다. 옹이가 박혀 있다고도 했다

그러나 나는 어수룩한 그림을 그리고 싶었다.

약간 모자란 듯 빈 데가 있어 허술해 보이는 그림이 좋다. 진묵보다 담묵의 그림을 그리고 싶다. 그런데도 여전히 그림은 사납고 진하고 설명이 많다. 걸러지지가 않았다.

언제던가, 성악을 한다는 어느 관람객이 내 그림에서 쓸쓸함이 느껴져 슬퍼진다고, 오랜만에 그림을 보며 슬플 수 있어서 고맙다고 감상을 말했다. 아마도 그의 마음이 내 그림을 보며 순화되었나 보다. 그의 말은 위로가 되었다. 내 안에서 가시가 많이 빠져나간 듯싶었다.

그 많던 가시들이 빠져나가는 걸 생각하면 나이 먹는 게 그리 억울한 일이 아니다. 어쩌면 축복인지도 모른다. 가시가 뽑혀질 때마다 통증이 나를 괴롭혔다고 억울해하지 말자. 아픈 배를 움켜쥐고 잠을 이룰 수 없게 했던 설사도 내 장을 지켜주지 않았는가. 아마도 나는 내 대장처럼 멀쩡할 것이다.

어쩌다 순한 그림이 그려졌다. 담하고 욕심 없고 무심하고 무기교적이고 색깔 없는 담묵의 소품이다. 그러나 어수룩하려면 아직 멀었다. 그러나 어떠랴. 이만하기도 어디인가. 벽에

붙여놓고 심상을 담금질할 것이다.

하지만 진실로 고백하건대, 가시 하나쯤은 남아있어야 내가 나답지 않을까. 옹이 하나쯤 살짝 들어앉은 그림을 그리는 내가 나다울 테니까.

내 안에 뾰족하게 남아있는 그 가시 하나가 때로는 나를 할퀴고 찌르기도 할 것이나 자존심을 지켜줄 것이다. 그 가시 하나가 내 스승이 되어줄 것이다.

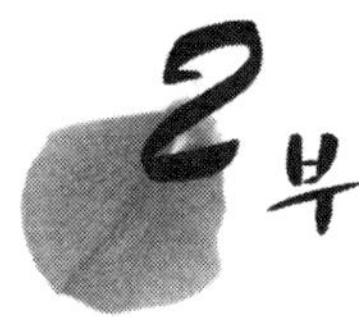

노란색 주스 한 잔

남편이 내게 폭탄을 던졌다

볼펜 한 자루

손이 말하다

붉은 산

끈

합력하여 선을 이루다

언덕 위의 하얀 예배당

우리 교회에 가면 예수가 있다

부사의방

노란색 주스 한 잔

나는 오렌지 주스를 마시지 않는다. 아니, 채 맘 편히 마시지 못한다고나 할까.

레스토랑에서 친구가 디저트로 주문한 오렌지 주스가 담긴 날렵한 유리잔의 노란색을 물끄러미 바라보다가, 기억 저편의 노란색 주스 한 잔을 떠올리자 가슴에 따스한 기운이 퍼져 갔다. 그리고는 점점 유쾌해지기까지 한다. 주스 한 잔을 아무렇지 않게 마실 수 없는 마음과 오래된 기억을 추억하며 유쾌해지는 마음이 이율배반적이라 해도, 그게 부인할 수 없는 솔직한 내 마음이다.

한국동란 후 살았던 어머니들이 대부분 그러했듯이 내 어머니는 오롯이 당신 자식들 뒷바라지에 당신을 바치셨다.

아버지가 반듯한 직장에 다녔음에도 어머니는 상일을 마다 않고 억척스럽게 사신 분이다. 새댁 때에 선 집안어른의 빚보증으로 가난해진 살림 속에서도, 어머니는 자식들을 구김살 없이 키우기 위해 애쓰셨다. 거의 평생을 남의 전셋집에서 부업을 하다가 맨 마지막엔 옷가게를 하셨는데, 옷장사는 어머니의 생업이 되었다.

어머니는 결코 진부하거나 지루하지 않은 분이었다.

야채와 건어물 장사를 하실 때에도 어머니에게서는 늘 엷은 화장품 냄새가 났다. 겹다후다 치마 하나를 매일 저녁에 빨아 입을지라도 머리를 단정하게 매만지시곤 했다.

평생 돈 때문에 쪼들리고 평생 돈을 벌었지만 돈 얘기는 거의 하지 않으셨다. 자식들 결혼 때에도 사돈댁의 경제사정은 거의 염두에 두지 않으셨으니 어머니에게는 돈보다도 훨씬 소중한 것들이 많았던 것 같다.

노상 노래 부르기를 좋아하고 여행을 꿈꾸셨다. 그래서 어머니는 언제 어느 때나 전혀 옹색해 보이지 않고, 화려해 보이지는 않았지만 항상 화사한 모습이었다.

그럼에도 불구하고 여러 자식들의 어머니 노릇 때문에 어머니는 자기 자신에게 돈 드는 일이라면 철저하게 제어시켰다. 오직 가족에게 온갖 바람을 막아 주는 거대한 산 같은 존재셨다.

막내아들이 대학을 졸업하고 뒷바라지할 일이 줄어들자 하시던 가게를 정리했다. 어머니의 표현대로라면 딱 일 년을 맘껏 노셨을까……, 치명적인 병에 걸렸다.

촛불이 마지막을 태울 때 더욱 찬란하게 타오르듯이 어머니의 마지막 몇 달은 참으로 의연하고 다채로우며 어머니 삶의 결정체였다. 마지막 몇 달 동안 어머니가 하고 싶은 일은 그리운 사람을 만나거나 여행을 하는 일이 아니었다. 당신의 삶을 뒤돌아보며 지난날들을 반성하고 감사하며 남은 삶을 정리하시는 일인 듯했다. 병명을 들은 어머니는 일체의 투약을 거부하고 퇴원하셨다. 어차피 가망이 없다면 약은 무의미하다는 것이다.

한밤을 내내 눈물로 기도하신 어머니의 얼굴은 아침 햇살에 비쳐 투명하게 맑았다. 그 다음에 하신 일은 김 한 톳과 영양크림 한 개의 외상값을 갚은 일이고, 그 다음엔 예전에 자식 일로 미워했던 어떤 사람을 만나 진심으로 사과를 하고는 홀가분하게 기도원으로 향하셨다.

그때부터 불과 몇 개월, 어머니는 맘껏 기도하고 찬양하며 조악한 음식일지라도 아주 달게 드셨다.

"여기가 천국이구나."

어머니를 간호한답시고 기도원에 같이 간 나는, 어머니를 특별히 간호할 일이 없었다. 어머니는 다른 환자들과 같이 잘 어울리고 당신보다 심한 환자들을 위로하며 빨갛게 양념한 돼지불고기와 냉면을 맛있게 드셨다. 기도원에 묵고 있는 가난한 환자들을 안쓰럽게 여기며 그들에게 뭐든 맛있는 음식을 대접하기를 소원하며 실제로 그렇게 하려고 애쓰셨다.

어머니는 병세가 악화되자 집으로 돌아오셨다. 기운이 없고 고통스러운 중에도, 송송 썬 풋고추와 고춧가루를 살짝 뿌려 밥 위에 찐 간조기와 총각김치로 밥 한 그릇을 맛나게 비우셨다. 그런 후에 식도가 점점 막혀 오는지, 된죽에서 미음으로, 미음에서 우유로 음식 메뉴가 유동식으로 바뀌었는데, 어머니는 죽어라고 우유는 싫으시다는 것이다. 그런데 평소에는 잘 들지 않던 오렌지 주스는 왜 그리 맛이 있느냐며 자꾸만 달라셨다.

어머니는 그야말로 뼈만 남았다. 전혀 식사를 못 하니 암환자 특유의 모습으로 변하여 차마 제대로 바라볼 수조차 없을 지경이었다. 그나마 완전식품이라는 우유라도 많이 마셔야 될 것 같은데 자꾸 주스만 달라고 하시니 참으로 딱하기 그지없었다. 나는 어머니한테 애원도 하고 협박도 해봤지만 어머니는 막무가내로 주스만 드시고 싶다고 했다.

그럴 때에 마침, 유능한 의사노릇을 톡톡히 잘하고 있는 제랑이 왔길래 주스를 이렇게 많이 마셔도 되냐고 물었다. 아주 냉정하고 침착한 얼굴과 어조로 '안 된다.'고 단호하게 말했다. 오렌지 주스에는 어머니에게 좋지 않은 성분이 들어있다는 것이다. 제랑의 처방이 충실하게 지켜졌다. 물론 다른 가족들에게도 꼭 지키라는 엄명이 내려졌다. 어머니에게 오렌지 주스는 하루에 겨우 두 잔으로 제한되었다. 그 주스를 어머니는 어찌나 달게 드셨는지. 입맛까지 다시며 '맛있다.'시던 어머니. 어린아이처럼 천진무구한 어머니 모습을, 나는 잊을 수가 없다.

그때의 노란색 주스 한 잔은 어머니에게는 한 그릇의 더운 밥이고 반찬이며 비빔냉면 한 그릇이었다. 저승길 가는 노잣밥이며 생명의 양식이었다.

그렇게 닭모이 만큼이나 감질나게 주스 한 잔을 받아 마시던 어머니. 그렇게 겨우 보름쯤을 더 사시고는 마지막으로 노란색 오렌지 주스 한 잔을 정말로 맛있게 드신 후에 우리 곁을 간단히 떠나가버렸다.

알 만한 사람은 웬만큼 아는 유명한 의시인 제링이 말기암 환자에게 해로우면 얼마나 해로우리라고, 절대로 많이 드시게 하면 안 된다고 엄숙하게 처방을 내렸던 일화를 듣는 사람마다 포복절도할 지경으로 웃는다.

그러나 나는 안다. 그때, 제랑은 어머니에게 의사로서가 아니라 사랑하는 장모님의 사위로서 처방을 내려 주었음을.

그리고 또 나는 확신한다.

주스를 많이 드시지 못하게 한 일이 어처구니없는 엉터리처방이 아니라 가슴 저리는 사랑의 실체였음을.

그리고 또 나는 확신한다. 제랑이 진료하는 환자마다 사랑의 실체, 그 사랑의 묘약을 먹고 빠른 시간에 쾌유하리라는 것을.
(2000년 1월)

남편이 내게 폭탄을 던졌다

남편이 내게 아무렇지도 않게 폭탄을 던졌다. 새벽 한 시에 들어온 남편이 출사표를 던지겠단다.

삼십 년간 같이 살아온 남편이 출마할 것이라고는 꿈에도 생각해본 적이 없는 나는 남편이 던진 폭탄을 고스란히 얻어맞고 뇌세포가 마비되어 한동안 멍해져 있었다. 그러나 누구의 인생이든 방해할 권리가 없다고 생각하는 나는, 하고 싶은 대로 하라고 했다. 단 "당신은 당신대로, 나는 나대로 하고 싶은 일을 하자."고 했다. 남편 일에 협조하지 않겠다는 완곡한 표현임을 남편은 잘 안다.

밤새 한잠도 못 자고 생각이 많았다. 남편이 출마했는데도 자기 일만 한다고 욕먹는 건 둘째 문제다. 자기 아내도 모르는 체하는 후보를 과연 누가 지지해줄까에 생각이 미치니 이혼을 하지 않을 바엔 선택의 여지가 없는 일이다. 선거운동하기 싫어 이혼할 수는 없으므로.

남편은 항상 나보다 윗길이다. 얄밉게도 늘 내 머리 꼭대기에 있다. 내버려둬도 종당에는 자기 뜻대로 따라오는 내게 굳이 아쉬운 부탁을 하지 않는다.

다음날, 두 달간 휴업선언을 하고 화실 문을 닫았다. 기껏 두 달인데 뭐, 그러나 그 기껏 두 달은 내게 2년처럼 다가왔다. 기왕에 할 바엔 신나게 해야 재미있을 것이고 재미있어야 시간이 빨리 가겠지. 나는 시간이 빨리 가기를 바랐다. 누군들 안 그렇겠는가. 사회를 변혁시키겠다거나 실현해야 할 정치적 꿈이 있는 것도 아닌 사람이, 그저 그림이나 그리며 살던 사람이, 어느 날 느닷없이 남편의 꿈을 위해, 남편의 정치적 소신을 믿고 그 정치적 소신을 생전 처음 보는 사람들에게 설명하고 설득시켜야 하는 일이 쉽고 또 하고 싶다고는 말하지 못할 것이다. 고백하자면 나는 그림 그리는 걸 방해받지만 않으면 대충 무엇에든 별 관심 없던 사람이다. 용기를 내야 했다. 얼굴에 철판을 깔아야 했다. 알량한 자존심은 토끼의 간처럼 깨끗이 씻어 꼭꼭 숨기고 자물쇠를 채웠다.

우선 아는 사람부터 찾아가기 시작했다. 누구는 용기를, 누구는 상처를, 누구는 절망을 주었다. 누가 무엇을 주었든, 그건 결코 나와의 친밀도의 깊이대로가 아니었다. 낙천적인 사람은 낙천적으로 비관적인 사람은 비관적으로 각 사람의 성향대로 나를 대했다.

내가 가능한 한 상처를 받지 않으려면 몇 가지 원칙을 세워야 했다. 첫째, 상대후보에 대한 흉을 보지 않으려 했다. 남의 흉을 보지 않으니 내 기분이 상하지 않을 것이다. 둘째, 남편이나 남편의 소속 당에 대한 악담에 휘둘리지 않기다. 모든 사람이 다 좋아하는 경우는 없을 테니까. 셋째, 열심히 하기다. 하기 싫어서 할 듯 말 듯 하면 정말 지루하고 남 보기에 모양새도 영 좋질 않으니까. 넷째, 어떤 경우에도 누구에게도 서운해 하지 말기다. 왜냐하면 결국엔 나 자신을 위해, 내 마음 편하자고 하는 일이니까.

내가 세운 원칙을 비교적 잘 지켰다. 어림도 없는 비율로 낙방했어도 별 위로를 받을 필요가 없었으니 말이다.

경험 있는 사람이 말해줬다. 힘들고 속상하고 서러워서 두어 번은 엉엉 울 거라고. 나도 선거운동기간에 서너 번 울었다. 속상해서도 힘들어서도 아니고 고마워서였다. 아니 단순히 고맙다는 표현은 너무도 옮다. 내가 받은 사랑을 다 담기엔 정말이지 맞지 않다.

봄햇살이 따가울 정도로 내리쬐는 한적한 시골길에서 할머니 한 분을 만나 명함을 건네 드리는데 손잔등이 마치 거북등처럼 어두운 갈색으로 빤질빤질하고 쩍쩍 갈라져 있다. 사람 손이 어떻게 이럴 수 있을까 싶었다. 난생처음 보는 거친 손이었다. 손등은 할머니의 고달픈 생애를 말해주고 있었다. 손을 덥석 잡았다.

"할머니, 얼마나 일을 많이 했으면 손이 이래요?"

"나는 괜찮어. 밥은 먹고 다니능겨? 내가 꼭 찍어 줄틴게, 너무 걱정 말어."

할머니는 주름진 얼굴로 인자하게 웃었다. 마음이 따스해져 왔다.

맞아, 이 할머니 같은 수많은 할머니들이 거북 등가죽 같은 손으로 우리를 키우고 이 땅을 지켜냈을 거야.

돌아가신 우리 할머니 생각이 났다. 인적 없는 길을 걸으며 하염없이 눈물을 흘렸다.

선거 내내 그 이름도 모르는 할머니가 내게 힘이 되어 주었다. 힘이 되어준 사람이 어디 할머니 한 분뿐이랴.

정말로 많은 사람들을 찾아 다녔다. 오십여 년을 살아온 고향인데 모르는 사람들 천지였다. 그야말로 나는 우물 안 개구리다. 조그만 우물 안에서 그저 그렇게, 비슷한 부류의 사람들과 부대끼며 살아온 내가 빤히 보였다.

날마다 모르는 사람들이 많이 모인 장소에 찾아가 될 수 있는 대로 상냥하게, 진정을 담아 인사를 하고 명함을 내밀었다. 나는 그들과 눈을 마주치려 애썼다. 그들은 성향대로 상냥하게 받아주거나, 무심히, 대충 받거나, 절대로 안 받거나, 받자마자 내가 보는 데서 쓰레기통에 처박거나 했다.

인상이 환하고 행복해 보이는 사람은 "수고하시네요."라던가

"좋은 결과 있기를 빕니다."라던가 하다못해 "네."라며 웃어주었다. 반대로 표정이 우울해보이거나 어두운 사람은 적대감을 나타낸다. 행복한 사람은 남을 배려할 줄 아는 여유가 있고 불행한 사람은 자기 안에 갇혀 남이야 어떻든 상관없는 것 같았다.

누군가 말했다. 그 사회를 이끌어 나가는 리더는 3%의 사람들이고 27%의 사람들은 낙오자라고. 그러나 내가 보기에는 낙오자만 불행한 것이 아닌 듯하다. 생각보다 훨씬 많은 사람들이 어둡고 칙칙한 얼굴을 하고 다녔다. 그렇다면 절반쯤 된다는 중산층도 그리 행복하지는 않다는 말인가. 모르는 사람의 얼굴을 살핀 적이 별로 없으므로 행복한 사람들이 생각보다 훨씬 적다는 걸 몰랐었다. 행복한 사람들이 적다는 게 충격적으로 다가왔다.

나는 남에게 행복하게 보였을까? 어떻게 대했을까? 이해관계가 전혀 없이 내 도움이 필요한 사람에게 상처를 주지는 않았을까?

두 달 동안 2년만큼이나 많은 걸 느끼게 해준 그때, 나를 지탱해준 건 토끼 간처럼 빼놓은 내 알량한 자존심이 아니라 시골길에서 만난 할머니처럼 마음이 따스하고 행복하고, 그것을 남에게도 나누어줄 줄 아는 적극적인 몇 사람의 지혜로운 삶의 태도였다. 나도 그들처럼 살아가려고 한다.

남편의 폭탄이 내게 삶의 길잡이가 되어준 셈이다. 마음속에 마르지 않는 옹달샘이 되었다.

볼펜 한 자루

어느 날 남편이 결혼 축의금 봉투에다 덕남을 쓰는데 못 보던 볼펜을 쥐고 있다.

볼펜은 유선형으로 날렵하며 진줏빛 연하늘색 몸체에, 뚜껑이 금장으로 반짝거려 여간 고급스럽고 예뻐 보이는 게 아니다. 글씨를 써 보니 심이 도톰하고 매끄러워 마음에 드는 게 금방 내 물욕을 자극한다. 남편 것이 내 것이지.

"나 주라."

좋구나 좋아. 그런데 이것을 핸드백에다 넣어가지고 다니다가 누가 볼펜 좀 빌려달라고 하면 없다고 할 수도 없고 빌려주자니 금방 잃어버릴 것 같고, 집에서 이 볼펜의 품격을 바라봐주는 사람 하나 없이 썩고 있게 하자니 너무 아까울 것 같았다.

며칠 후, 딸아이가 집에 다니러 왔다. 전화기 옆 메모지와 함께 놓여있는 볼펜을 보자마자 예쁘다며 탄성을 질렀다. 직업상 노상 볼펜을 들고 다녀야 하는 딸아이다.

"너 가질래?"

"엄마 쓰세요."

"왜?"

"그냥……."

보나마나 나랑 같은 이유에서일 게 뻔하다. 금방 잃어버릴 것 같은데다가 직업상 줄줄이 써대는 바람에 금방 수명을 다할 것이고 그러면 너무 허망할 테니 좋은 건 엄마가 써야 한다는 말로 얼버무리고 만다.

그 무렵 유학 가있던 아들이 집에 왔다. 볼펜을 보여주며 가질 거냐고 물으니 어머니나 쓰란다. 평소에 자기는 명품족이라며, 하나를 사더라도 좋은 것 아니면 관심 없다던 아이가 명품 볼펜은 싫단다. 이 너무도 잘난 볼펜은 누구에게도 뽑히지 못하고 거실 한구석에서 시들어가고 있다. 아무리 봐도 참으로 멋진 놈이 기껏해야 전화할 때 메모하는 데나 쓰이고 있다.

딸아이가 스승의 이니셜을 새겨 이 세상에 단 하나밖에 없는 볼펜을 스승에게 선물했단다. 쌀 반 가마 값이나 주고 샀다는데 그렇게 비싼 볼펜이 있는지도 몰랐다. 선물 받은 딸아이의 스승은 과연 그 볼펜을 수명 다할 때까지 잘 쓰셨을까.

아무리 비싸고 좋아봐야 그저 볼펜 한 자루인데 그깟 볼펜

한 자루에 전전긍긍하는 것은 내 소시민적 성정 때문은 아닐까. 늘 가지고 다니면서 써야 하고, 알건 모르건 누구라도 빌려 달라고 하면 선뜻 내주고도 돌려주거나 말거나 별로 신경 써지지 않는 게 볼펜의 가치일지도 모른다. 마찬가지로 누구에겐가 빌려 쓴 볼펜이 내 손에 남아있는 경우에도 별 양심의 가책이나 남의 걸 가로챘다는 생각이 들지 않는다. 값나가는 볼펜을 지속적으로 소유하자면 그만큼 정신적 긴장을 수반해야 하므로 당연히 부자유스러우리라. 그러니 볼펜은 너무 고급스러워도 불편스럽게 되어버리는 셈이다. 좋은 볼펜이란 값싸고 잘 써지고 쉽게 지워지지 않으면 된다.

호들갑스럽게 예쁜 하늘색 볼펜 때문에 생각이 많아진 요즘이다.

너무 좋아 아무도 소유하지 않으려 하는 볼펜같이 살고 싶던 때가 있었다. 고급스럽고 안정된 삶이 근사하고 멋있을 것 같았다. 적당히 외롭고 적당히 고고하게 신화처럼 늙어가고 싶었다.

그러나 언제부턴가 나는 너무 좋으면 어쩐지 맞지 않은 옷을 입은 것처럼 불편하다. 적당히 싸고 적당히 잘 써지는, 문방구에서 흔히 구할 수 있는 볼펜 같은 사람이 되고 싶어졌다. 그래서 누구라도 내게 쉽게 말 걸 수 있고 도움을 청할 수 있고 또 내게 아무라도 손을 내밀 수 있는 그런 사람으로 살고 싶다. 그렇게 보통사람으로 살아가고 싶다. 단순하게, 욕심 없이 편한 사람으로 살아가고 싶다.

거실 전화기 옆에서 별로 할 일 없이 놓여 있던 볼펜은 어느 날엔가 사라져 버렸다. 아무도 관심을 두지 않았다.

손이 말하다

지인의 시집 출판기념회에 참석하고 늦게야 집에 돌아오니 남편이 홍원항엘 놀러갔다가 갑오징어를 사왔단다. 피곤한 김에 나 몰라라, 자리에 들었다. 다음날 아침 먹물로 시커멓게 물든 비닐봉투를 뜯었더니 자잘 자잘한 갑오징어가 우르르 쏟아진다.

"무슨 갑오징어가 이렇게 잘아?"

양심도 없지. 좀 더 크게 놔두지, 이 작은 걸 팔겠다고 잡은 사람이 좀 그렇다. 크지도 못하고 잡혀온 갑오징어를 손질하려니 차가운 물에 얼어붙은 손이 퉁퉁 부어오른다. 오징어하고 씨름한 지 한 시간여, 부랴부랴 데쳐 초간장 곁들여 아침상을 차린다.

부엌을 들락거리던 남편도 심란한지 남자는 꼭 필요한 물건을 비싸게 사고 여자는 필요 없는 물건을 싸게 산다고 둘러댄다.

살짝 데친 갑오징어는 싱싱하고 연해서 입맛을 돋운다. 이래저래 손이 고생이다.

손가락 마디마디가 붓고 아픈 지 2년여, 꽤나 예쁘다는 소리를 듣던 손의 행색이 말이 아니다. 그나마 류마티스는 아니고 퇴행성관절염이라는데, 손을 너무 많이 써서 병이 생겼다는 것이다. 직업이 뭐냐고 묻더니 더 볼 것도 없이 직업병이란다. 손을 많이 써서 아프다면 농사 짓는 촌부의 손은 남아나지 않겠다. 의사 소견이 영 믿기질 않는다. 뭔가 정밀한 병명이 있을텐데 '퇴행성'이라는 이름으로 늙은이 취급당한 느낌이다. 인내심의 한계를 느낄 때까지 정형외과를 다니며 소염제를 먹고 물리치료를 해봐도 도무지 차도가 없다.

손만 낫게 해준다면 아까울 게 없을 것 같아 손에 처바른 시간과 돈이 암만암만이다. 지푸라기라도 잡는 심정으로 별짓을 다했다. 의사동생이 들으면 무식한 짓 했다고 기절초풍할 짓을 한 게 한두 가지가 아니다. 그러기를 일 년 육 개월, 제풀에 나가떨어져 이첸 고작한다는 짓이 손가락을 주무르면서 손에게 통사정이나 하고 있으니 한심한 노릇이다. 의사는 절대로 손을 만지지 말아야 한다는데 민간요법 치료사들은 손에 자극을 줘야 경직되는 걸 막고 개선이 된다니 어느 말에 장단을 맞춰야 할지 난감하기만 하다.

그래도 작년 같아서는 금세 아주 못쓰게 될 것만 같더니만 희한하게도 그만그만해졌다. 이만하기도 다행이다.

여고 다닐 때다. 옆 반 아이가 쉬는 시간에 우리 반으로 건너와 다짜고짜 내 손을 잡았다.

"네 손이 하도 예쁘다기에 보러왔다."

"아닌 게 아니라 정말 예쁘다."고 호들갑을 떤다.

별 일도 다 있지. 얼마나 예쁘다고 할 데가 없어 하필 손이 예쁘다고 할까.

나는 없던 열등감조차 일었다. 그때는 내게 손은 그냥, 손, 도구에 지나지 않았다.

대학을 졸업한 지 꽤 오래된 후였다. 길에서 남자동창을 만났다. 이게 얼마만이냐고 반색을 하며 차 한잔하잔다. 찻집에 앉자마자, 나이 먹더니 내숭도 없어졌는지 내 손을 덥석 잡는다. 대학 때 내 손이 하도 예뻐 보여 사람 손이 아닌 것 같았다며 많이 망가졌단다. 마사지도 하고 영양크림도 듬뿍 발라 더 이상 늙히지 말라고 안타까워한다. 그랬었구나, 그때만 해도 내 손은 뽀얗고 말랑말랑했구나.

이럴 줄 알았으면 그 친구 말마따나 좀 아낄 걸, 후회해 봐도 이미 늦었다.

생각해보니 살아오는 동안 손을 아껴본 적이 없다. 부엌일 하면서도 고무장갑을 끼지 않았고 엄동설한에도 귀찮고 갑갑

해서 털장갑이나 가죽장갑을 잘 끼려고 하지 않았다. 특별히 손에 좋은 크림이나 마사지를 받아본 적도 없다. 그러는 데는 어머니의 영향을 받은 것일 수도 있다. 죽으면 썩어질 몸 아끼지 말고 부지런히 움직이라는 게 어머니의 지론이니 말이다.

학대라고 할 것까지는 아니라도 함부로 대했던 손이 내게 항명하는 것이라면 이제부터라도 비위를 살살 맞추고 좀 아껴줘야 하겠지만 여전히 손을 부려야만 살 수 있으니 아껴줄 방법을 모르겠다.

마디가 아파서 부은 손이 둔탁하고 미련하게 보인다. 이제 손끝 야무지기는 글렀다.

말이 나왔으니 말이지만 나는 처음 보는 사람의 얼굴보다 손을 먼저 관찰하는 버릇이 있다. 손의 모양과 표정을 읽으며 그 사람을 짐작하곤 한다.

손가락이 하얗고 길어 손가락 움직임이 섬세한 남자가 있었다. 선병질적인 그는 너무도 예민해서 쉽게 깨지는 유리그릇을 닮았다. 칼날 위를 걷는 듯해서 보기에 위태위태했다. 감정선이 까다로운 만큼 풍부하기도 해서 그의 손놀림을 바라보기만 해도 그가 무엇을 느끼는지, 어떻게 아픈지 느껴져 덩달아 가슴이 아렸다.

어느 날 그는 내게 새삼스레 악수를 청해왔다. 한참을 잡고 있는 그의 손이 참 따스했다. 마치 견고한 성안에서 보호받고 있는 것처럼 안온했다. 손을 잡힌 채, 그의 손이 내 손에게 하는 얘기를 가만히 듣고 있었다. 아니, 들어야만 했다.

아! 그는 떠나려 하는구나. 가슴이 툭, 내려앉았다. 그리고 그는 갔다.

그는 그렇게 잠시 내 생에 끼어들었다가 멀어져 갔다. 그의 손이 했던 말을 떠올리면 지금도 나는 아름답고 슬프다.

오늘처럼 이렇게 하늘이 낮게 드리우고 바람이 몇 안 남은 나뭇잎을 훑고 지나가는 11월이면 아직도 어쩌다가 그의 손이 내게 하는 말이 들려온다. 그리고 그렇게 나의 가을은 서서히 문을 닫는다.

붉은 산

"그림은 나에게 놀이의 대상이고 배움의 장場이며 훈련의 도구입니다. 나는 그림 그리면서 놀고 세상과 인생을 배우며 나 자신을 혹독하게 훈련하는 일이 정말 좋습니다….

오래전에 나를 낳아주신 어머니가 '너는 그림을 업業으로 삼아라.'라는 유언을 남기고 돌아가셨습니다. 그림을 업으로 삼으라니, 그림을 그려서 밥을 벌어먹고 살라니, 이 땅에서 그림을 그려 밥을 먹고 사는 작가가 얼마나 될까…. 하지만 나는 생전의 어머니에게 불효한 대가를 지불하기로 했습니다. 그림 이외의 것으로는 밥 벌어먹기를 포기했던 것입니다.

오늘은 어머니의 기일입니다. 지독히 감상적으로 말씀을 드린다면 혹여 어머니의 영혼이 지금 내 그림을 보고 계실는지요. 그런데 나에게는 또 한 분의 어머니가 계십니다. 아버지

떠나신 지 6년이 지난 지금까지 굳건하게 집안의 기둥노릇을 하면서 새벽마다 내가 좋은 그림 그리기를 기도하십니다. 그러니 여기 걸려 있는 그림들은 돌아가신 어머니의 눈물과 살아계신 어머니의 기도로 이루어진 셈입니다.

그러나 어찌 이 그림들이 두 어머니의 눈물과 기도만으로 이루어진 것이겠어요. 안 보이는 곳에서 묵묵히 힘을 쏟아주는 '테오' 같은 형제와 가족, 무엇보다도 이 보잘것없는 자리에 와 주신 여러분의…."

여기까지 겨우 말하고는 목이 메어 말문이 막혀 버렸다. 나의 다섯 번째 개인전 개막식에서 작가 인사를 하는 도중에 말문이 막혀버린 것이다. 감정의 지배를 당하여 인사말을 미처 맺지도 못하고 말문이 닫힌 걸 부끄러워하는 게 아니다. 며칠 내내 나를 감싸고도는, 이유를 알 듯, 모를 듯한 찜찜함이 여전히 나를 둘러싸고 있는 걸 느끼며 마음이 착 가라앉는 것이었다. 더구나 아침 일찍 서두르다가 손톱을 부러뜨려 피 맺힌 손톱에 반창고를 붙인 후부터는 하필 결혼식 날 아침 손을 데인 일이 생각나는가 말이다. (2, 30대 결혼생활의 지난함이 결혼식날 아침 손을 데었기 때문이라는 터무니없는 생각을 나는 가지고 있다.)

작품을 끝냈을 때만 해도 좋았는데… 아니, 그건 아니었다. 작품을 다 완성했는데도 여전히 미진했다. 어쩐지 하다만 것 같은 느낌, 나를 전부 쏟아부었다는 안도감이 없었다. 이거 왜 이러지? 알 수가 없었다. 정말 열심히 했는데도 뭔가 모자랐다. 전람회 도록을 만들고 발송까지 마쳤는데도 여전히 마음은 답답하다. "이렇게로는 안돼, 무언가 더 남아 있을 거야. 남김없이 쏟아내야 해." 나는 다시 붓을 잡았다. 그리고는 빈 화선지 앞에 섰다.

스승께서 이 세상에서 가장 두렵다고 하신, 발가벗은 화선지를 응시하다가 나는 붓에 진한 먹물을 묻혀 종이 위에 천천히 붓질을 하기 시작했다. 붓은 뒤집어지고 세워지며 춤추듯 리듬을 탔다. 내 안에서 열기가 솟아나며 나는 점점 가공의 세계로 빨려 들어갔다. 그것들은 암벽으로 된 병풍 같은 산봉우리의 형태로 나타났다.

그리고 골짜기, 산골짜기.

해마다 얼음이 얼었다가 녹았을, 비바람에 휩쓸리고 돌덩이가 굴렀을, 낙엽이 쌓이고 썩었을, 그 산. 잔잔한 산꽃이 피었다 지고 맺힌 열매를 먹으며 지친 새들이 둥지를 틀기도 했을 그 산 골짜기마다에 내 삶의 족적이 그려져 나갔다. '사람이 살아가는 길 옆에' 버려졌을 것 같은 연민과 쓸쓸함, 부끄러움과 설렘, 날카로움과 울분, 좌절과 실망, 맹목과 무지 같은 것들이 제각각의 색깔로 태어났다. 내버리고 싶었고 잊어버리고 싶었던, 깊고 깊어서 너무도 아팠던 상처, 그러나 아득히 멀어서 그리움으로 자리 잡은 옛 이야기들이 색깔로 거듭난 것이다.

붓질을 하는 동안에, 이제는 썩어지고 썩어져서 기억나지도, 어쩌지도 못하는 내 허욕 많았던 지난날의 삶의 궤적이 어지럽게 나타났다가 스러져 갔다. 스산하거나 지난한 자취가 아니라 연둣빛 희망으로.

그것은 분명 환상이 아니라 어떤 희망이었다. 희망이라는 어휘가 나를 잠시 슬프게 하지만 그 안에는 이미 내가 없어지고 어느 누군가, 아니면 어떤 힘이 나를, 내 손을 움직이고 있었다. 나는 없어지고 무중력 상태에서 조용히 붓 가는 소리만 들렸다.

골짜기의 연둣빛 희망. '사람이 살아가는 길 옆에' 버려졌을 것 같은 것들. 그 바위산은 그것들을 품은 채 주홍빛 노을에 물들기 시작했다. 제각각의 색깔들로 제 마음대로 다스리던 온갖 것들이 슬그머니 나를 풀어놓기 시작했다. 산은 그렇게 그것들을 품어 포용하고 녹이면서 넉넉하고 자애롭게 붉은 노을에 용해되어 가다가 스스로를 태우기 시작했다. 타오르던 산은 붉은 불덩어리로 용솟음치며, 이글거리며, 하늘로 타올랐다. 내 안에서 불덩어리 하나가 불쑥 치솟아 하늘로 날아올랐다. 내 몸은 스스로의 무게를 버리고 새털처럼 가벼워졌다. 드디어 나는 스스로 얽어맨 것들로부터 자유로워졌다. 나는 단순해졌다. 간단해진 것이다.

"이제는 됐다." 나는 붓을 내려놓고 후련해진 마음으로 중얼거렸다. "이제는 됐다."

'붉은 산'은 이렇게 해서 태어났고 며칠이 흘렀다.

그리고 오늘, 나는 새벽 잠자리의 뭔지 알 듯 모를 듯한 우울함의 기미를 떠안은 채 눈을 떴다.

정말로 어머니의 넋이 나를 따라온 것일까? 전람회 개막식이 끝나고 나는 「붉은 산」 앞에 섰다. 이글거리는 불덩이 속에 숨어있는, '사람이 살아가는 길 옆에' 있을 것 같은 것들이 내 눈에 보였다.

삶이란 나를 따라다니는 이 무겁고 눈물겨운 느낌. 부러뜨린 손톱의 예감. 붉은 불덩이를 더욱 타오르게 하는, 사람이 살아가는 길 옆에 있는 것들. 이런 것들이 나를 얽어맨 것들이면서 쓸쓸함 속의 작은 행복이거나 혹은 행복 속의 쓸쓸함일 것이다.

그렇다면 앞으로도 얼마나 더 살아야, 나를 밀어내는 이런 것들과 친숙해질 수 있을 것인가, 아니면 나를 밀어내는 대로 그저 그 고약한 기분을 견딜 것인가.

이런 것들과 친숙해지려면 얼마나 더 살아야 할까. 정말이지 그저 이 고약한 기분을 한때 지나가는 젖은 바람으로 태연히 맞을 만큼 무뎌지고 싶다.

끈

내가 시어머니를 처음 만나 뵙기는 결혼하기 서너 달 전이다.

그때까지도 나는 서울에 머물면서 이 결혼을 해야 할지 말아야 할지, 딱 부러지게 결판을 못 내고 그저 평생 하리라던 작업에만 열중하고 있었다. 빨리 내려오라고 성화를 대는, 지금 남편이 된 사람의 다그침을 못 들은 척하고 고집을 피우고 있을 즈음 어느 날 새벽잠 속으로 시어머니는 나를 찾아오셨다.

꿈속의 시어머니는 흰옷을 단정히 입고 품위 있는 언행을 하셨다. 내 어머니에게 댁의 따님을 데리고 어딜 좀 다녀와도 되겠느냐고 묻고는, 흔쾌히 그러시라는 어머니의 대답을 듣자마자 내 손을 꼭 잡고 어디론가 걷기 시작하면서 가만가만 말씀하셨다. 당신 아드님의 성격은 이러저러하고 식성은 어떠하다며 참 다정하기도 하셨다. 어찌나 꿈이 생생하던지 꿈에서 깨었을 때까지도 내 손을 잡으셨던 따스한 손의 감촉이 느껴지는 듯했다. 같은 날 초저녁에 내 어머니 꿈에도 다녀가셨다고 했다. 일찌감치 서둘러 안사돈 될 분에게 들렀다가 천길 먼 길을 돌아 새벽녘에 며느릿감을 찾아오셨는가.

얼마나 맘이 급하시면 내게 직접 찾아오셨을까. 진정 나를 며느리로 맞고 싶으셨을까. 나는 시어머니에 대해 생각이 많아졌다.

따져 물으면 싱거운 노릇이겠지만 결혼하기로 마음먹고 바로 식을 올리게 된 데에는 시어머니가 꿈에 보였던 일이 아주 상관없다고는 말할 수 없다.

결혼한 후에 그분은 내게 다시 찾아오지는 않았지만 나를 점점 당신 뜻대로 휘어잡기 시작하셨다.

그러나 고백건대, 그분이 내게 무엇을 요구한 일은 정말이지 단 한 번도 없었다. 꿈에도 '이렇게 하라.'던가 '저렇게 해다오.' 라는 말씀은 하시지 않았다. 내게 무엇을 요구하지 않았을 뿐만 아니라 짜증도 내시지 않았다. 그러나 그분은 내게 무소불위無所不爲의 힘을 행사하셨다.

그림자처럼 나를 따라다니고 너그러우며 위로하셨다.

그렇다 하더라도 나는 결혼생활 내내 어머니의 의중을 파악하느라 전전긍긍했다. 어머니는 내가 어떻게 하기를 원하실까. 내가 어머니라면 어떻게 할까……, 나는 어머니를 기쁘게 해드리고 싶었다. 그러나 사노라면 힘겨울 때가 어찌 한두 번뿐이겠는가. 때로는 어머니에게 화가 났다. 일방적으로 지시하기만 하는 어머니의 무언의 명령이 야속했다.

남에게 시어머니의 흉도 보고 싶고 시어머니와 신경전을 벌이고도 싶었다. 정식으로 항의해 보고도 싶었다. 하고 싶은 말을 실컷 쏟아낸 후에 어머니 팔짱을 끼고 근사한 옷집에 가서 털 코트를 사드리고도 싶었다. 서서히 황혼이 지고 어둠이 내리듯 점점 야위어 가는 어머니의 어깨에 기대어 늙어가고 싶었다. 그러나 그럴 수 없다는 사실이 나는 억울했다. 그러나 어머니의 억울함에 비하면 내 억울함이 너무도 하찮아 나는 또 할 수 없이 참는 수밖에 없었다.

어머니는 내게 참 눈물도 많이 주셨다. 결혼 후 어머니 산소에 찾아가 처음으로 절을 하면서 나는 눈물을 쏟았다. 새색시가 생전 뵙지도 못한 어머니에게 흘리는 눈물의 의미를 가족들이 어떻게 생각할지 난감했지만 그 후로도 어머니에게 갈 때면 눈물이 났다. 노상 시어머니에 대한 며느리의 눈물은 가족에게 이해받지 못하지만 이해받지 못하는 눈물을 어머니는 내게 참 많이도 주셨다.

시어머니는 남남북녀의 북녀이시다. 원산의 부유하고 진보적인 감리교 가정에서 자라나 명문 루시고녀를 다니셨다. 성격이 적극적이고 활발하여 자전거 타기와 수영을 즐기셨다고 한다.

어머니는 미인이셨다. 교복을 입고 찍은 어머니의 사진을 맨 처음 남편이 보여주었을 때 나는 어느 영화배우의 사진인 줄 알았다. 강인한 의지가 엿보이는 오똑한 콧날, 서글서글한 눈망울, 야무진 입매며 어디 한군데 빠진 데 없이 기품 있어 보이는 미인의 모습이다. 훤칠한 모습으로 '라이방'을 끼고 스카프를 휘날리며 원산 시내를 활보하였을 신여성을 상상해 본다.

애지중지 키운 딸을 먼 타국에 혼자 보낼 수 없다는 부친의 엄명으로 일본유학이 좌절된 후, 맞선 본 시아버지의 검소한 모습이 맘에 들어 결혼을 하셨다 한다. 턱시도와 웨딩드레스를 입고 올린 신식결혼식은 화려하고 아름다웠지만 결혼 후, 시어머니는 새색시의 몸으로 중국 천진으로 먼저 떠난 시아버지를 뒤쫓아 혈혈단신 물설고 낯선 이국땅을 밟으며 비로소 고통을 체험하기 시작했다고 한다.

해방되던 해에 큰따님을 출산하고 산후풍을 앓던 그해 겨울, 혹독한 추위 속에 변변히 이삿짐도 꾸리지 못하고 고향에 돌아오느라 지독한 병고에 시달린 후 평생을 병약하게 사셨다고 한다.

시아버지가 전쟁 통에 맞은 유탄으로 생명이 위태로워졌을 때 시어머니가 가까스로 구한 페니실린 덕에 살아나셨지만 오랫동안 투병을 해야 했다. 직장에 다니며 대가족을 부양하던 어른이 일손을 놓는 통에 갑자기 몰려온 경제적 빈곤과 감당해야 할 많은 일들은 시어머니에게 참으로 벅찬 일이었을 게다.

남들이 부러워할 만한 넓은 밭이 있었다고는 하지만 밭농사라는 게 지금이나 그때나 일거리만 많지, 그 밭에서는 흡족할 만할 돈이 건져지지 않았나 보다. 신새벽에 농사 지은 야채를 수레에 가득 싣고 시오리 길이나 되는 장터에 오갔다. 가물면 먼지 많고 비가 오면 질척거려 각시 없인 살아도 장화 없인 못 산다는 황톳길을 걸어 다니며 야채를 시장에 내다 팔아도 가난은 여전했다고 했다. 황토밭에서 잘되는 고구마를 시골장에다 내봐야 겨우 농사비용이나 건질 듯하자, 젊은 어머니는 야간열차 화물칸에 몇 십 가마씩 싣고 서울에 내다 팔았다고 했다. 때로는 화물자동차에 고구마를 가득 싣고 가다 차가 고장 나는 바람에 오도 가도 못한 채 추위에 떨며 얼어버린 고구마 때문에 손해 본 적도 있다고 한다. 얼마나 속상한 일이었으면 지금도 남편은 가끔씩 한숨 쉬듯 말하곤 한다. "겨우 삼십 갓 넘은 여자의 몸으로……."

부유한 가정의 딸로 태어나 귀하게 자란 어머니는 여자라는 이유로 일본유학의 꿈을 포기해야 했고 결혼 후에는 취미생활은커녕 일상의 잔잔한 재미 같은 것도 별로 누리지 못했다. 수영은 생각할 수도 없거니와 자전거도 어머니에게는 이미 레저의 도구는 아니었다. 단지 발보다 빠른 발이었을 뿐. 그것도 꼭 필요할 때만……. 어머니는 나혜석과 전혜린을 아까워하며 이 땅은 선각한 여성을 용납하지 않는 불모의 땅이라면서도 큰딸의 대학입학을 강력히 주장하셨다고 한다.

그렇게 조금씩 밭 한가운데 있는 외딴집 살림에 익숙해지고 돈이 조금 모아질 무렵, 다섯 남매중 위로 셋을 대학 졸업시키고 큰아들이 ROTC 장교로 군에 있을 때, 여자 나이 아직은 마흔아홉 살에 교회에서 예배 드리다가 갑자기 운명하셨다 한다.

질곡의 삶 속에서도 끝끝내, 아니 힘들면 힘들수록 기도하고 찬양하던 짧은 생을 예배당에서 마감했으니 어머니의 죽음은 그나마 축복이었을까. 굳이 어머니의 죽음을 목도한 동료 교인들의 축언이 아니라 해도 어머니는 평안한 상태에서 죽음에 임했으리라는 걸 짐작할 수 있다.

그렇다 해도 나는 늘 어머니의 이른 죽음이 억울하다. 어머니의 미모가, 어려움에 닥쳤을 때 처신한 어머니의 용기와 지혜가, 어머니의 인내가 늘 억울하다. 그래서 어머니에게 너그러워지게 된 걸까.

지금껏 어머니 속내를 내 스스로 헤아려내고는 그대로 순종하려고 했던 내 삶의 방식을 어머니는 만족해하실까.

언젠가 때가 되면 "나 잘했지요?" 하고 의기양양하게 어리광피울 수 있는 어머니를 만날 수 있어 내 죽음은 별로 쓸쓸하지 않으리라 싶다.

언젠가 미지의 내 며느리도 내가 그랬던 것처럼 내 속내를 헤아리려 애써줄 것 같아 내 삶은 더욱 쓸쓸하지 않으리라 싶다.

(2001. 1.)

합력하여 선을 이루다

워낙 변덕이 죽 끓듯 해서 같은 짓 하는 걸 영 지루하고 재미없어 하는 통에 그림을 그릴 때도 같은 화선지에 몇 장 그리고 나면 슬그머니 지루해져서 그림 그릴 색 다른 판을 찾는 게 버릇이라면 버릇이 되었다.

얇고 먹색이 잘 스미는 종이에 발묵이 좋은 순한 그림을 그리다가도 가슬가슬하고 마른 듯한 종이에 비백 필이 돋보이는 칼칼한 그림이 그리고 싶어진다. 때로는 실이 박힌 순지에 도돌도돌한 그림을 그리기도 하고 화선지 위에 그림을 그린 후에 줌치(한지를 만들기 직전의 닥 섬유)를 찢어 붙이고 나서 다시 그리기도 하는 콜라주기법을 응용하기도 한다.

몇 년 전에는 면섬유에 아크릴 물감으로 그려봤더니 색다른 재미가 있어 한겨울 내내 소꿉장난하는 어린아이처럼 잘 놀았던 적도 있었다. 동양화 물감은 안으로 흡수하는 성질이 있어 깊고 은은하지만 아크릴 물감은 밖으로 품어내어 화려하고 밝은 상반된 느낌의 색감을 낼 수 있다. 이렇게 때때로 천에 염색하기도 하고 염료와 물감과 먹을 사용하기도 하며 진득하지 못한 성정과 타협해보기도 하는 것이다.

우연한 기회에 도판陶板에 그림을 그려 구워봤더니 화선지에 그릴 때와는 또 다른 맛과 재미가 있기에 이번 개인전은 도판 그림으로만 하기로 했다. 도판 그림전을 하기로 마음먹었을 때부터 혼자서는 어림없는 일이라는 걸 모르는 바가 아니었지만 믿는 구석이 있었다.

무거운 도판을 작업실에서 가마까지 나르는 것부터 유약을 바르고 가마에 불 때는 일까지 내가 할 수 있는 거라고는 오직 신나게 그림이나 그리는 일을 즐길 뿐이었다.

믿는 구석이라는 게 후배들 넉넉한 마음씨와 힘이고 그런 내게 후배들은 자기 일처럼 열심히 도와주었다.

드디어 마지막 가마를 열기로 한 일요일 오후, 만나기로 한 가마 담당 후배가 전화를 받지 않았다. 일하느라 받지 못하나 보다, 두 번째 전화도 받지 않자 차에 두고 내렸나 보다, 세 번째 전화마저 받지 않자 슬그머니 걱정되기 시작했다. 불길한 마음을 애써 잠재우며 가마에 가보기로 했다.

가마가 있는 작업실 문이 잠겨있었다. 계획대로라면 문이 열려 있고 후배가 일을 하고 있어야 했다. 불안이 몰려오기 시작했다. 유리창 너머로 보이는 가마의 문은 열려있는데 맨 꼭대기 위에 놓였던 대형도판이 보이지 않는다. 후배는 그 도판을 들어내고는 사라져버린 것이다.

한두 점 깨졌다고 사라졌겠는가. 사단이 났구나. 이 노릇을 어쩌나. 돌아가자. 돌아갈 일만 남았다. 내일 아침엔 나오겠지. 되돌아 나오는 길에 위경련이 나기 시작했다. 간신히 집에 돌아와 누워버렸다.

뜬눈으로 지새운 다음날 아침 가마로 달려갔다.

"왜 전화 안 받았어?"

목소리가 정상이 아니었다. 그도 정상이 아닌 목소리로 답했다.

"어지간해야 전화를 받지."

전화를 받지 않아서 해결될 일이 아닌 줄 알지만 도망칠 수밖에 없었단다. 맨 위의 작품부터 내리 깨져 있더라는 것이다. 무작위로 꺼낸 중간에 있는 작품도 깨졌으니 다 깨진 줄 알았단다. 최악의 경우 유약이 잘못되어 한 점도 못 건질 수도 있겠다고 각오했다.

가마에서 작품을 내리는데 더 이상 깨진 작품은 없었고 색이 조금 맘에 들지 않은 작품은 있지만 그런대로 평균은 된 듯싶었다. 후배는 그제야 해낙낙해진다.

제 것도 아닌데 불 땔 동안 가슴 졸이고도 모자라 선배 작품 망쳤다고 만 하루를 지옥 속에서 헤맸을 후배한테 뭐라 할 말을 찾지 못했다. 조수노릇에 작품사진까지 찍어준 후배가 쫓아와서 가슴을 쓸어내렸다. 다 버렸으면 어떻게 할 뻔했냐고.

가마에서 내린 작품들을 액자공방으로 보내고 돌아오는 길에 마음이 참 따스해졌다. 하늘의 구름도 예쁘고 살랑거리는 나뭇잎도 고왔다.

이번 전시회 작품을 어찌 내가 만든 작품이라고 말할 수 있으랴. 불과 무더운 여름날과 습기와 그 밖의 무엇, 그리고 후배들의 땀방울과 정성과 마음 졸임이 합하여 만든 작품인 것이다. 합력하여 선을 이룬 것이다. 내가 나 됨이 어디 나 혼자만의 노력이던가. 그저 고맙고 고맙다.

언덕 위의 하얀 예배당

을씨년스런 하늘을 기대고 겨울나무들이 서 있다. 나무들은 서리가 내려앉은 것 같기도 하고 서설을 이고 있는 것 같기도 하다.

그 겨울나무들 사이로 교회 첨탑이 보인다. 그리고 어김없이 교회의 종소리가 들린다. 어렸을 때 들었던 은은하고 맑은 종소리가 들린다.

어렸을 때 나는 언덕 위에 있는 하얀 예배당 옆에 살았다.

아홉 살 때 전주에서 익산의 한 작은 동네, 교회 옆으로 이사를 왔기 때문이다. 어머니가 친척 어른의 빚보증을 서 전 재산을 날리고 작은 셋집을 얻어 쫓기다시피 한 이사였다.

부모님은 우리에게 형편이 어려운 내색을 하지 않으셨지만 무언가 알 길 없는 칙칙한 기운이 감도는 덥고 좁은 방이 싫었다. 자꾸만 감나무가 있는 전주 집이 생각나 나는 밖으로만 나돌았다. 밖이라고 해 봐야 큰 신작로엔 대전이나 서울 가는 버스들이 먼지를 일으키고 다니는 통에 나와 동생들은 길 건너 교회 언덕으로 몰려다니며 놀 수밖에 없었다. 집 앞의 논두렁보다는 교회 언덕이나 넓은 마당이 놀기에 훨씬 좋았던 것이다. 우리는 팔방놀이도 고무줄놀이도 교회 마당에서 했다. 교회에서 숨바꼭질을 하면 숨을 곳이 너무 많아 술래가 오랫동안 찾지 못해 놀이가 시들해질 지경이었다. 수령이 백 년도 훨씬 넘었음 직한 왕벚나무가 있는 그 언덕의 잡목 사이에 숨어 있자면 진달래 꽃망울이 눈앞에 가득 들어왔고 발 아래에는 제비꽃이 숨죽이고 있었다.

놀다가 지치면 언덕 잔디밭에 앉아 노을을 바라보며 공연히 한숨을 쉬었다. 그때 울리던 종소리는 얼마나 좋았던가. 새벽녘 어쩌다 선잠 결에 들리던 종소리는 참 맑기도 맑았다.

어느 한겨울날 자고 일어난 아침 짙푸른 상록수 위에 꿈처럼 소복이 쌓여 있던 흰 눈은 얼마나 나를 설레게 했던가.

아무리 예배당을 뱅뱅 돌며 떠들고 놀아도 우리에게 제재를 가하는 사람은 없었다. 예배를 드리자고 강요하는 사람도 없었고 그저 그렇게 아무렇게나 우리를 내버려 두었다.

그때, 교회 언덕에서 우리는 '천상천하 유아독존'이었다.

그 하얀 예배당은 나의 놀이터였고 삶의 터였으며 내 철학의 산실이었다. 그리고 나의 성소였다.

성소. 나는 그곳에서 내 이루어지지 않는 꿈과 방해받지 않는 눈물과 절대고독과 은밀한 반란을 키웠다.

매일 교회 언덕에서 살았어도 막상 예배당 안에 들어가는 일은 크리스마스를 목전에 둔 단 며칠뿐이었다. 이브에 공연할 연극에 우리는 단역으로 출연했으므로 늦은 밤까지 연습을 하고는 찬 손을 호호 불며 꼬마 색전등이 반짝거리는 언덕을 내려 집으로 왔다. 크리스마스에 팥빵 얻어먹는 재미는 얼마나 쏠쏠하였던가. 밤늦도록 공연을 보고 집으로 올 때면 마치 은밀한 음모를 도모한 악동들처럼 속닥거렸다.

크리스마스가 지나면 우리는 또 여전히 예배는 드리지 않고 교회를 다녔다. 동네 아이들이 모여 교회 마당에서 노는 놀이가 우리의 예배였다. 그것이 우리의 예배의식이었으며 교회에 대한 우리 식의 믿음이었다. 그러는 우리에게 이단자라거나 국외자라고 질타하는 어른은 한 사람도 없었고 그런 일들은 자연스럽게 진행되어 우리가 이방인이라는 생각이 전혀 들지 않았다.

우리가 전주에서 이사 온 지, 일이 년쯤 되었을 때다.

집에 불이 났다.

바느질하시던 어머니의 숯불 다리미에서 불똥이 튀어 마당가에 땔감으로 쌓아놓은 마른 짚단에 불이 옮겨 붙은 것이다. 순식간에 타오른 불은 판자울타리를 태우고 지붕에 옮겨 앉기 직전이었다. 그야말로 일촉즉발이었다. 어머니와 우리들이 당황하여 우왕좌왕하는 사이 어쩐 일인지 금방 소방차가 달려와서 불을 껐다. 때마침 볼일을 보고 들어가시던 교회 목사님이 소방서에 신고를 하셨다고 했다.

어머니랑 인사를 드리러 갔더니 불을 보고 구경만 하고 있을 사람이 어디 있겠냐고, 그 말만 하셨다. 그 후로 목사님은 길에서 우리 가족과 마주치면 반가운 인사나 나눴을 뿐, 교회에 다니라고 한다든가, 심방을 온다든가 하는 일은 없었다.

우리 형제가 자라면서 그곳을 떠나 다른 곳으로 이사를 했지만 우리는 종종 그 하얀 교회와 목사님과 교회 선생님과 크리스마스와 종소리에 대해 추억하곤 했다.

어머니가 돌아가시기 한 오 년 전쯤 되었을까. 자고 일어나시다 머리가 몹시 아파 병원에 입원한 적이 있었다. 원인을 발견하지 못해 몹시 놀라고 황망해 있을 때, 여동생이 그 하얀 교회의 돌계단을 어머니 손을 잡고 내려오는 꿈을 꾸었노라며 교회에 다니기 시작하여 가족 모두 크리스천이 되었다. 그때 그 목사님이 우리 가족을 위해 기도하셨을까. 아니면 오랜 세월 동안 우리가 의식하기도 전에 그 예배당과 목사님과 종소리를 만나며 무의식 세계에서 하나님의 섭리를 감지하였을까.

나는 땡신자이다.

겨우 일주일에 한 번 드리는 예배를 그나마 툭하면 결석하고 새벽기도는 아예 꿈도 못 꾼다. 게으르고 무지하고 기도도 제멋대로인 나를 하나님은 그래도 사랑하신다고 제멋대로 믿는다.

그럼에도 불구하고 지금 교회 건물은 사라져버리고 이름만 남아 있는, 어릴 적 언덕 위의 하얀 예배당이 가끔씩 그립다.

유감스럽게도 그런 성소는 이제 내게 없다.

어둔 하늘을 등지고 서 있는 겨울나무 사이로 종소리가 울려 퍼진다.

우리 교회에 가면 예수가 있다

하나님은 유일무이한 신이다. 그러나 열 명이면 열 명, 백 명이면 백 명의 마음속에 각각 다른 모습으로 자리 잡고 있다. 문화와 철학과 종교에 따라, 그리고 개인의 성향에 따라, 또는 아는 만큼.

내가 믿는 하나님은 무서운 하나님이 아니라 정말 좋은 하나님이다. 적당히 말 안 들어도 혼내지 않고 기다리며 때로는 무작정 떼를 써도 웃으며 들어주는 하나님이다. 그리고 적당히 간격을 두며 끝까지 내 스스로 해결하길 기다리는 인내심 많은 하나님이다. 애달프지 않은 인생이 어디 있으랴. 그 애달픈 인생을 안쓰러운 눈으로 바라보는 하나님이다. 내 하나님은 그런 하나님이라고 멋대로 믿는다. 살기가 너무도 갑갑하고 힘들면 막무가내로 예의고 뭐고 없이 큰소리로 생떼를 쓴

다. 나는 체면 차리지 않고 생떼를 쓸 수 있는 이런 하나님이 좋다.

일본작가인 엔도 슈사쿠의 『침묵』이라는 소설의 내용이다. 일본에 그리스도가 전파된 지 얼마 안 되어 천주교도에 대한 핍박이 심했을 당시에 선교사로 일본에 파견된 신부는 배교를 해야만 하는 상황에 처해졌다. 예수의 초상화를 땅에다 깔아 놓고, 밟고 지나가면 목숨을 살려주겠노라고 했던 것이다. 밟고 지나가자니 배교행위이고 거부하면 처형을 당할 판이었다. 초기 천주교도들은 서슬 시퍼런 속에서도 하나밖에 없는 목숨을 기꺼이 하나님께 바치며 당당히 죽어간다. 이때 그리스도가 말한다. '나를 밟아라. 나는 밟히기 위해 이 세상에 왔다.'고. 하나님은 침묵하고 있었던 게 아니고 그들과 함께 고통을 나누고 있었던 것이다.

기독교가 그런 종교라면 믿을 만하다고 나는 생각했다. 그리고 교회에 다녔다.

일주일에 한 번 다니는 교회에 그나마 사정이 생겨 두어 달이나 빠졌다가 예배당엘 갔다. 십자가가 걸려있던 정중앙에 환한 조명을 받으며 예수가 떡하니 자리 잡고 서 있지 않은가.

앞에서 다섯 번째 줄 중앙에 앉는 나로서는 정면으로 보이는 부조浮彫로 만든 예수를 안 보려야 안 볼 수가 없다. 기도할 때만 빼고 예배시간 내내 보게 되었다.

위에서부터 흘러내린 옷은 약간 낡은 듯싶지만 남루해보이지 않고 누르스름한 옷자락 위에 걸친 갈색 덧옷이 머리색과 같아 통일감을 준다. 예수상은 약간 말랐지만 긴 목덜미 아래로 보이는 쇄골이 선명하고 건강해 보이는 넓은 어깨와 강인한 가슴을 지녔다.

얼굴을 보자. 약간 갸름한 얼굴은 마른 듯하고 넓지도 좁지도 않은 미간에 오뚝한 콧날을 지녔다. 약간 슬퍼 보이는 눈망울은 선하고 사람을 아끼는 눈빛을 지녔다. 눈 주위는 옅은 붉은빛을 띠고 있어 수줍은 듯싶은 눈매를 하고 있다. 수염 사이로 엿보이는 다부진 입매는 단호하고 고집스러우며 결연한 의지를 엿보이게 하지만 입꼬리가 미소 짓듯이 약간 올라가 표정이 따스하다.

내가 지금껏 봐온 수많은 예수상 중에서 그 어떤 유명한 예수상보다도 이 예수상은 정말 예수다운 예수다. 대부분의 예수상은 잘생기지도 못생기지도 않은 얼굴에 무표정하거나 근엄하여 친근감이 없이 그저 그런 얼굴 모습을 하고 있었다. 나하고는 전혀 상관없는 인물로 말이다.

예수라면 내가 지금 보고 있는 바로 저 모습이었을 거야. 떡과 권능과 명예의 유혹을 받아야 했던 예수, "만일 할만 하시거든 이 잔을 내게서 거두어 주옵소서."라고 기도하던 마음 약한 예수, "나의 하나님이여, 어찌하여 나를 버리시나이까?"라고 울부짖던 예수. 예수는 신이 아니라 바로 '우리'와 같은 사람이었다.

그는 사회사업가이고 정치변혁가이며 교육계몽가이고 유창한 연설가였다. 죄인처럼 취급받던 문둥병자를 고치고 과부의 동전 한 닢을 귀히 여기는 박애주의자였다. 그는 무엇보다도 무모한 자유주의자였다.

아니, 아니다. 종교적 관점을 제하고 보면, 그는 마굿간에서 태어난 천하고 가난한 사생아였다. 부랑자, 가난뱅이, 무식쟁이를 몰고 다니는 거지왕초였다. 기득권의 세력과 대항하고 위협하는 위험한 존재였다. 권위에 도전한 예수가 처형된 건 당연한 귀결이었다. 아마 전 역사를 통하여 어느 시대인들 예수가 별일 없이 수명을 다할 수 있는 시대가 있을까.

모세의 여호와가 질투의 신이라면 예수의 하나님은 자애의 신이요 사랑의 신이다. 사랑의 신 하나님은 당신의 아들을 낮고 낮은 자리를 잡아 태어나게 하고 고난의 삼십삼 년 짧은 생애 끝에 십자가 처형을 치르게 하였다. 그것을 믿는 것이 믿음이며, 믿음은 선물이다. 자애와 사랑의 하나님이 바로 내 하나님인 것이다.

누가 우리 교회에 십자가 대신에 예수 부조상을 세우자고 한 것일까?

누가 만들었을까? 이내 예수상을 세우자고 한 사람은 목사님이고 만든 이는 전 선생이라는 걸 알았다. 하나님의 은혜다. 그렇잖아도 말씀과 행동이 일치하는 목사님이 좋았는데, 이런

미적인 안목까지 겸비하다니 더더욱 좋았다.

전 선생과 술 한 잔을 앞에 놓고 물었다.

"예수상을 만들 때 느낌이 어땠어?"

전 선생은 말없이 웃기만 했다.

"아마도 하나님이 전 선생 손을 써 먹었을 거야."

합성수지와 페인트만 가지고 어떻게 예수의 그런 표정과 온기를 불어넣을 수 있는지 부러웠다. 정말로 하나님이, 아니면 보이지 않는 어떤 강력한 힘이 그를 움직였을까?

실물의 몇 배 크기로 만들려고 하니 장소가 마땅치 않고 시야가 좁아 균형을 잡느라 몇 번씩 다시 만들어야 했다고 했다.

자기가 얼마나 대단한 작품을 만들었는지 그는 실감하지 못하고 있는 듯했다. 손이 좀 작게 만들어졌노라고 불만을 얘기했다. 모르는 소리. 좀 작은 듯해서 탐욕스럽지 않고 두툼해서 밥이 많아 보였다. 광야에 모인 그 많은 사람들을 먹인 손으로 부족함이 없다.

분명 그의 의도, 그의 의지대로 되지 않아 오히려 선을 이루었다고 해도 별 틀린 말은 아니리라.

일주일에 한 번씩 나는 예수를 만난다. 예수는 내가 힘들 때면 슬픈 눈으로, 화날 때면 부드럽고 인자한 모습으로, 어리석은 짓을 하려 하면 단호한 입매로 말을 걸어온다.

예수는 살아있다. 살아서 끊임없이 내게 눈빛으로, 표정으로, 피부로, 옷깃으로 얘기한다. 그 말들은 공기를 통해 내게 감지되고 내 피부를 어루만진다. 나는 예수를 만난다. 살아있는 예수를 만나며 그리스도의 향기를 감지한다.

우리 교회에 가면 예수가 있다.

부사의방不思議房

이런저런 사정으로 하던 일을 바꾸게 되었다. 하던 일을 바꾸게 되었다는 건 아주 다른 패턴으로 일상을 보내게 되었다는 뜻이다. 이 학교 저 학교로 다니며 수업을 하고 주말이나 밤중에 그림 작업을 하던 게 일과였다면 지금은 한 장소에 정물처럼 들어앉아 나를 찾아오는 손님을 기다리는 나날을 보낸다. 동적인 생활에서 정적인 생활로 바뀐 것이다.

작업실을 정리한 후, 한 3년은 그림을 그리지 않겠다고, 아니 큰 그림 그릴 공간이 없으니 그리 생각할 수밖에 없으므로 아예 붓 잡을 엄두를 내지 않는다.

시간에 쫓겨 다니느라 헐떡거리던 사람이 기약 없는 손님을 기다리며 우두커니 앉아 책을 읽거나 좁은 책상에서 손장난 같은 소품이나 그리며 소일하고 있으니 그런 일들이 의미 없이 느껴지거나 시들해질 때면 질척대는 시간 때문에 지루하고 힘이 든다.

어쩌다가 이런 꼴로 앉아 있는가 싶기도 하고 창 너머로 바람에 날리는 나뭇잎을 보며 쓸쓸해하기도 한다. 햇빛 좋은 날엔 의자를 밖에 내놓고 앉아 향 좋은 차를 마시며 등을 쏘이기도 해보지만 요즘엔 미세먼지 때문에 그마저 맘껏 누려보지도 못한다.

남아나는 게 시간이다. 남아나는 게 시간이니 생각이 넘쳐난다. 생각을 버리라는데, 마음을 비우라는데, 시도 때도 없이 불쑥 과거 어느 한때로 돌아가 어린 날의 내가 떠올려지기도 하고 돌아가신 부모님 생각에 목이 메기도 하며 엊그제 친구와의 꺼림칙한 일로 개운하지 않기도 하다. 해도 해도 놓아지지 않는 자식 생각 때문에 애면글면하는 건 또 어떤가.

뒤로 물러설 수도, 앞으로 나아갈 수도 없는, 숨이 턱 막힐 것 같은 때가 있었다.

그 무렵 우연히 지방일간지에 특집으로 실린 〈부사의방不思義房〉이라는 제목의 글을 읽었다. 음지에 갇혀있는 강호제현들의 담론들을 강호동양학이라는 학문으로 개척해나간다는 자부심으로 조용헌 선생이 기도터를 순례하며 쓴 글이다. 글을 읽기도 전에 먼저 깎아지른 절벽 가운데쯤에 겨우 한 사람 누울 만한 자리에 암자를 짓고 도를 닦았다는 부사의방의 사진을 보며 전율이 일었다.

부사의방은 미륵신앙의 개창자라는 진표율사가 백제유민으로 태어나 고행 끝에 도통한 내변산 마천대(지금의 의상대)의 기도터다. 그곳에 가려면 20여 미터가 넘는 높이를 굵직한 동아줄을 타고 절벽 아래로 내려가야 한다. 암자는 불타 없어지고 기왓장 몇 점과 뒷면의 절벽 1.5미터 높이에 쇠말뚝 하나가 박혀 있는데 이규보가 기록한 '쇠줄로 그 집을 잡아매고 바위에 못질을 했다.'는 그 쇠말뚝이다. 내변산 쪽에서 바라다보면 깎아지른 절벽에 주먹만한 암자가 대롱대롱 매달려 있는 모습이었을 것이니 그 당시 사람들의 눈에는 바다의 용이 만든 '불가사의한 방'으로 느껴졌을 만도 하다. 까마득한 절벽 아래의 풍경은 고만고만한 나무들이 우거져 잘 다듬어진 융단처럼 보여 뛰어내리고 싶은 충동이 일어날 정도다. 실제로 진표율사는 절벽 아래로 뛰어내렸는데 지장보살이 나타나 떨어지는 진표의 몸을 받아 올렸다고 한다. 정진을 계속하자 이번에는 미륵보살이 나타나 계시와 권능을 주어 이후로 진표는 미륵불의 화신이 되어 망해버린 백제 유민의 한을 어루만져주는 구세주가 되었던 것이다. 대충 이런 내용이다.

도 닦는 일이란 목숨을 걸고 몸이 너덜너덜해질 정도의 고행과 참회를 해야 하는 일이다. 동행도 없이 한없는 외로움과 고독을 씹으며 홀로 앞으로 나아가는 일이다.

그림 그리는 일은 일종의 도 닦는 일이다. 안고수비眼高手卑. 눈은 다락같이 높은데 손이 따라가 주질 않는다. 그림 그리는 사람의 딜레마다. 의도대로 되지 않는 그림 때문에 질질 끌려 다녀야 한다. 저 좋아서 하는 일이니 그렇다고 불평을 털어놓을 수도 없다. 욕심을 버려야 했다. 세상이 놀랄 만한 그림을 그리겠다는 허황한 욕심을 버리려고 얼마나 안간힘을 썼던가. 그저 할 수 있을 만큼만, 반 발자국만큼만 나가자고 스스로를 다독였다.

그렇게 30년, 그림 속으로 빠져 들어가다 보면 나는 없어지고 그림 그리는 붓질 소리만 사각사각 들렸다. 그 시간이 좋았다. 그야말로 무아지경인 것이다. 그저 붓 잡은 손만 움직일 뿐, 나는 없어지고 보이지 않는 어떤 강력한 힘에 의해 그려지는 듯싶어졌다. 작품이 좋은들 내가 받을 칭찬이 아니니 우쭐대거나 교만해지지 않았고 형편없다고 몰매를 맞아도 내 알 바 아니다, 그려진 결과에 대한 판단은 내 소관이 아니다, 관람자가 할 일을 내가 하지 말자고 다짐했다.

참으로 오랜만에 나는 그림으로부터 자유로워졌다. 그림 그리는 일만이 도 닦는 일이겠는가.

사람답게 살아야 하는 노력이야말로 도 닦는 일이 아니겠는가.

앞으로 나아갈 수도 뒤로 물러설 수도 없을 것 같은 절체절

명, 백척간두의 '부사의방'에 서 있다고 느껴질 때엔 움직이지 말고 고행을 하든 참선을 하든 그 자리에서 마음을 비워볼 일이다. 다 내려놓을 일이다. 진표처럼 도통은 못하더라도 '한 소식' 아니, '반 소식'이라도 듣게 될는지 누가 알겠는가. 혹여 하늘에서 동아줄이 내려올지 누가 알겠는가.

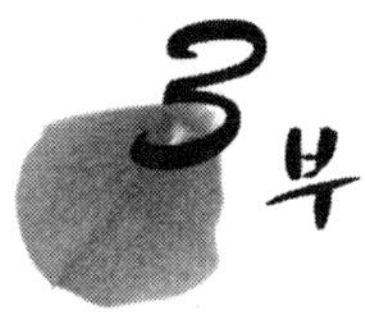

3부

별로 섭섭지는 않게
어머니와 아들
누구라도 꿈을 꾸게 마련이다
그림을 그리며
아버지의 봄날
바느질하는 남자
이 찬란한 꿈을
어둠 속에 돋아나는 꽃등
꺼지지 않는 등불을 켜다
빛과 그림자

별로 섭섭지는 않게

저물녘 연지에 갔다.

한여름 찌는 더위에도 화사함을 유감없이 뽐내던 향 좋은 연꽃들은 스러져 자취도 없고 방죽의 물이 줄어들어 탁하다. 연잎은 고장나 함부로 내다버린 우산처럼 물속에 거꾸로 처박히거나 바삭 말라 공중에 매달려 있다.

연지는 역설적이게도 이때의 그림이 가장 좋다.

이미 물을 빨아들이는 힘을 잃어버린 연줄기의 구성이 '모던'하다. 연꽃이 한창일 때보다 이렇게 말라버린 연을 보는 일이 좋다. 제멋대로 오그라든 연잎과 줄기의 형태와 질감, 갈색으로 얼룩진 퇴색이 편안하다.

연꽃이 만발할 때면 사람들이 몰려와 북새통을 이루는 것이 정신 사납고, 눈을 찌르는 듯한 햇살에 비치는 꽃이 마치 실핏

줄이 비치는 아기 속살처럼 투명하고 너무도 화사해서, 기름기 많은 음식을 먹은 후처럼 느끼해지기까지 하는 것이다. 때로는 열정과 고뇌가 뒤섞여 혼돈스럽고 수시로 흔들렸던, 그래서 안정되지 못하고 까닥하면 부서질 것 같았던 20대의 기억을 떠올리며 산란해지기도 한다.

사진을 몇 장 찍고 스케치를 한다.

마른 연줄기에 바람이 한 줌 지나갔다. 마른 잎이 약간 흔들린다. 그래. 이 나이에도 미혹하기 십상이지. 아무리 할일 다 하고 거름으로 썩을 일만 남았다 해도 때로는 어찌 한 줌 바람에 혹하지 않을 수 있으랴. 혹할 수 있어서 살아있음이 축복이다.

나는 기독교인이지만 환생을 믿고 싶어 한다. 고백하건대, 나는 이단이다. 어쩌면 먼 조상의 골수에 박힌 환생에 대한 믿음이 피내림으로 나에게 전해 내려 왔는지 모른다. 불교가 처음으로 이 땅에 들어왔을 때 산신각이 절의 가장 높은 곳에 세워져 민중의 마음에 친밀감을 심어 토착화한 것처럼, 기독교도 내 마음에는 환생설과 화합하여 안착했나 보다. 나는 환생을 믿고 싶다. 다시 한 번 태어나 이생에서 잘못 살았던 삶을 고쳐, 잘 살아 볼 수 있다면, 정말로 다시 한 번 잘 살아 볼 수 있다면 그 아니 신나는 일인가. 정말이지 하고 싶은 일이 많다. 죽었던 연이 해마다 다시 살아나듯 나도 그렇게 거듭나고 싶은 것이다.

학문적 깊이와 인생에 대한 혜안을 갖도록 노력할 것이고 후회 없이 사랑할 것이다. 무엇보다 좋은 그림을 그리고 싶고 감동과 유머가 있는 글을 쓰고 싶다. 그리고 후배들을 잘 이끌어 주고 싶다.

다시 한 번 피고 싶은 꽃으로 활짝 피고 싶다.

섭섭하게,
그러나
아조 섭섭지는 말고
좀 섭섭한듯만 하게,

이별이게,
그러나
아주 영 이별은 말고
어디 내생에서라도
다시 만나기로 하는 이별이게,

–서정주 「연꽃 만나고 가는 바람같이」 중에서

어디 내생에서라도 다시 만나기로 하는 이별이면 참을 만하겠거니. 내생을 믿으면 이별을 하는 일이 별로 섭섭지는 않을 것 같기도 하다. 좀 섭섭한 듯할지는 모르지만.

어머니와 아들

우연히 TV를 켜니 영화를 한다.

어찌나 화면 전개가 느리고 말이 없는지, 대체 뭘 말하려 하나 싶어 조금만 더 조금만 더 하다가, 결국엔 끝까지 다 보고 말았다. 늦은 밤 단잠까지 미루며 별 재미도 없는 영화를 끝까지 보게 되는 일은 거의 없었다. 그런데 엔딩 자막이 나올 때까지 화면에서 눈을 못 떼고 본 셈이다.

영화는 줄거리라고 할 만한 사건 전개도 없이 시종일관 어머니와 아들 단 두 명만 등장한다. 화면은 정지된 듯 매우 느릿느릿 움직이며 부드럽고 시적인 서정이 배어있어 마치 몽환적 그림을 그리는 화가의 화폭을 그대로 옮겨 놓은 듯하다. 아들은 죽어 가는 어머니를 안고 산책을 나간다. 어머니를 안고 멈칫거리며 천천히 나아간다. 낮은 구릉 사이의 오솔길은 바람 한 점 없이 편안하다. 누운 채 쉬고 있는 어머니와 느릿한 화면은 한 장 한 장이 완벽한 그림이다. 돌아오는 길, 회색 구름은 낮게 깔리고 갑자기 바람이 불면서 키 큰 나무와 풀잎들이 파도처럼 흔들린다. 그렇게 꿈결인 듯 아름다운 화면은 하나씩 차곡차곡 쌓여가고 풍경화 속의 사람은 여전히 말이 없다. 말이 없어서 숨소리까지 울림을 갖는다. 자로 잰 듯, 정교한 화면에 고저장단 없이 웅얼거리는 말소리, 끊어질 듯 이어지는 음악이 귓가를 맴돈다. 카메라는 멀찌감치 낮은 구릉과 갈대처럼 긴 풀과 나무와 기차와 연기를 오랫동안 바라보고 있다가 갑자기 화면이 말하기 시작한 듯 바람이 불어 나뭇잎과 풀잎이 소리를 내기 시작하고 황톳길에 먼지가 날린다. 하늘엔 구름이 몰려오고 아름드리 나무가 흔들린다.

산책하고 돌아온 아들은 어머니를 홀로 집에 두고 숲 속을 방황하며 혼자 울고 어머니는 혼자 남을 아들을 염려한다. 아들의 슬픔과 어머니의 걱정이 호들갑스럽지 않아 현실감이 없어 보인다. 어머니와 아들의 대화는 간헐적으로 이어진다. 아들은 '그곳'에서 만나게 될 거라며 어머니를 위로하고 어머니는 아들에게 "너도 어느 땐가 나처럼 이런 고통을 겪게 될 텐데, 그걸 생각하니 네가 불쌍하다."고 말한다.

영화를 만든 알렉산드르 소쿠로프 감독은 러시아 문학적 지성과 신비주의를 스크린에 대입시킨 것으로 유명하다. 그는 이 영화에서 어머니의 죽음에 어떤 드라마틱한 설정도 생략한 채 짤막하고 단순하게 이별을 그린다. 하나의 생명이 지극히 고요하고 자연스럽게 사라져버리는 것으로 연출한다. 단지 어머니의 손가락에 앉은 나비 한 마리를 소도구로 썼을 뿐.

나비. 감독은 나비를 어떤 의미로 썼을까. 어쩌면 환생을 말하고자 했을까. 아니면 죽음은 또 다른 생의 시작임을 암시하고자 했을까.

어머니가 낳고 키웠을 아들은 장성해서, 늙고 병들어 작아진 어머니를 담요에 싸서 안아 마치 자식인 양 보살피며 무릎 위에 눕힌다. 화면이 완벽할 정도로 아름답지 않다면 지루할 정도로 느린 영화를 보면서 나는 오래전에 아파서 돌아가신 어머니를 생각했다.

지독한 병을 앓으면서도 잘 참아낸 어머니. 어머니는 점점 죽음에 가까이 다가가고 있는데 나는 간병을 한답시고 괜히 어머니에게 짜증을 내기도 하고 간병 끝에 지독한 몸살을 앓으면서 어머니 옆에 쓰러져 누워 버렸다. 어머니는 문병 온 친지들에게 오히려 내 걱정을 하셨다.

어머니가 소천하신 후, 내가 간병을 잘못해서 어머니 병세가 악화되는 꿈을 꾸곤 했다. 쇠약해진 어머니를 업고 길을 걸어가는 꿈을 꾸고는 새벽녘 잠이 깨어 회한에 사무친 적도 있다. 왜 나는 기력이 없는 어머니를 한 번이라도 업어드릴 생각도 못했을까. 무심하고 잔정 없는 내가 참 싫었다. 어머니를 좀 더 잘 보살펴드릴 걸. 좀 더 잘 씻겨드릴 걸. 좀 더 만져드릴 걸. 좀 더 입맛에 맞는 음식이 뭔지 궁리해볼 걸. 그렇게 금방 가실 줄 알았으면 우리가 어머니를 얼마나 사랑하고 존경했는가를 고백할 걸.

영화를 보는 내내, 아들이 어머니에게 바람을 막아주려고 담요를 다독이고 볼을 비벼대는 모양을 보면서, 어머니를 안고 길을 걷는 것을 보면서, 숲 속을 쏘다니며 슬퍼하는 것을 보면서, 간단하게 짧은, 영화 속 아들의 어머니 임종을 지켜보면서 다시 한 번 나는 나의 어머니와 길고 긴 이별을 했다.

누구라도 꿈을 꾸게 마련이다

누구라도 꿈을 꾸게 마련이다.

어릴 적 신학기가 되면 선생님께서 장래 희망을 조사하는 시간이 있었다.

"선생님 되고 싶은 사람 손들어…. 나이팅게일 같은 간호사가 희망인 사람은…?"

얌전한 애들은 대개 선생님, 간호사, 현모양처에 손을 들었고 간혹 어떤 아이들은 정치가나 신문기자, 과학자가 되고 싶다고 했다. 좀 유별난 아이는 대통령이 되고 싶다고 해서 아이들의 주목을 받기도 했다. 굳이 자기 행동에 책임을 질 필요는 없기 때문에 장난스럽게 적당한 항목에 손을 들면 되지만 그래도 자기가 장래에 무슨 일을 하며 살고 싶은지 잠깐이나마 생각해 보는 계기가 되기도 했다.

그때 나는 꼭 하고 싶은 게 없었다. 어찌 생각하면 하고 싶은 일이 너무나 많았기에 학년이 바뀔 때마다 꿈이 바뀔 수밖에 없었을 게다. 외교관이 되어 세계가 좁다고 돌아다니며 나라를 위해 일하고 싶거나 기자가 되고 싶기도 했다. 그러다 고등학교에 진학하면서부터 장래에 대해 진지하게 생각하게 되고 내가 무엇을 잘할 수 있는지 곰곰 따져 보기 시작했다. 하지만 나는 잘할 수 있는 일을 하는 것보다 좋아하는 일을 하는 게 훨씬 행복할 거라는 생각이 들었다. 내가 잘할 수 있는 일을 하며 살지 않고 내가 좋아하는 일을 하며 살아야겠다고 마음먹은 건 내 인생에 스스로 감당하기 힘든 짐을 지우는 일인지 모르지만 적어도 하기 싫은 일을 하며 사는 불행한 삶은 살지 않아도 될 터였다. 그렇게 결정한 건 매우 중대한 일이었다.

남이 안 해본 일을 하고 싶었다.

그림도 그리고 싶었고 글도 쓰고 싶었다.

나는 무엇이든 만들어내며 살고 싶었다.

그러나 가난한 우리 아버지가 실용주의를 선호하였으므로 나는 감히 미술대에 가고 싶다고 말할 수가 없었다. 아버지는 내가 간호대학나 약학대학에 들어가, 졸업 후 경제적인 독립을 하기를 원하셨다. 나는 반란을 시도하여 어느 정도 성공하였다.

그림을 그릴 수 없다면 응용미술이라도 해야겠다며 직물디자인을 전공했지만 대학원 2학기를 마치고 나는 그만둘 수밖에 없었다. 내가 하고 싶은 건 그림 그리는 일이라는 걸 알았기 때문이다. 그때까지 하던 일들을 하루아침에 버린다는 건 대단한 결단력과 용기를 필요로 했다. 나를 아는 사람들은 거의 끝나가는 내 학업의 중단을 안타까워하며 어리석다고 질타했다. 어려운 살림에 등록금을 대주던 부모님의 실망이 얼마나 크셨을까. 그러나 나는 길이 아닌 길을 더 이상 계속해서 갈 수는 없었다.

그림을 그리기 위해 먼 길을 돌고 돌아온 세월. 그렇게 부질없는 세월은 가고 어느덧 초로에 접어들었다. 비록 오랜 세월을 그림의 변방에서 어정거렸지만 때늦은 나의 선택은 참으로 나를 행복하게 했다. 내 선택은 옳았다.

젊은 날을 궁핍한 작업실에서 속절없이 흘려보냈지만 추억의 책장을 갈피갈피 열어보노라면 나만의 그림이 쌓여 있다. 처음 그림을 배울 때 영 붓질이 마음대로 되지 않아 스스로 그렇게 답답한 사람인 줄 몰랐다고 한탄하던 일이 생각난다.

나는 하고 싶은 일을, 내가 할 수 있는 일 중에서 제일 못하는 딜레마에 빠져 허덕였다. 내 딴에는 열심히 그려 벽에다 척 붙여놓고 그림이 어떠냐고 남편한테 물었다. 제법 잘했다고 격려해주는 말을 기대하는 나에게 "무슨 꽃을 그렸느냐?"고 물었다.

"국화"

"그러면 국화라고 옆에다 써놓아야 국화인 줄 알지."

남편은 나를 기가 막히게 했다. 하도 못 그려서 국화가 국화 같지 않다는 얘기였다. 나는 두고보자, 이를 갈았다. 한번은 남편이 옆에서 들여다보고 있는 줄도 모르고 연습에 몰두하고 있었다.

"나 같으면 발가락으로 그려도 이보다는 잘 그리겠네."

두고 볼 것도 없지. 나는 천천히 먹을 갈았다. 그리고는 다정하게 남편을 불렀다. 이미 자기가 한 말을 까맣게 잊어버린 남편은 사람 좋은 얼굴로 다가앉았다. 발가락에 붓을 끼워주며 빨리 그려 보라고 채근했다. 말을 했으면 당연히 책임을 져야 하는 법이니까. 내 성격을 잘 아는 남편의 특별한 격려법이었으리라는 생각은 한참 뒤에나 다가왔다.

한국화를 공부하는 데 천재라면 좋겠지만 둔재라도 크게 문제될 건 없다. 한국화는 겸손한 사람이 그리기 좋은 그림이다. 그저 열심히 묵묵히 그리다 보면 세월만큼 농익은 맛이 붓끝에 실리게 된다. 세월의 힘을 거스를 수는 없는 게 화선지의 교훈이다. 연습량이 많으면 많을수록 강하면서 부드러워지고, 있는 듯 없고, 없는 듯 살아난다. 화법에 충실해야 하지만 법에 얽매이면 좋지 않다. 젊은 날의 급하고 뾰족한 성정과 왕성한 혈기가 노년에 들수록 부드러워지고 자연스럽게 바뀌듯 그림도 조금씩 변해가다 어느덧 자기도 모르는 사이에 기운생동의 경지에 다다르지 않을까.

나는 먹색이 좋다. 먹색이 좋은 건 본능이다. 먹색은 단순히 검정색이 아니다. 먹색은 수만 가지 색이다. 먹색은 그릴 때마다 색깔이 달라진다. 먹색의 깊고 그윽한 맛은 어떤 화학물감도 따라가지 못한다. 먹색은 변하지 않아 생명력이 길다. 먹색은 우주를 품고 있다.

묵향은 식물성 같아서 느끼하지 않고 담백하다.

먹색과 붓질은 궁합이 아주 잘 맞는 부부다. 붓질이 느리면 진중하나 탁하기 쉽고 붓질이 빠르면 경쾌하고 산뜻하나 경하게 흐를 염려가 있다.

잘 갈아진 먹을 묻혀 화선지에 골필을 휘두르는 맛이라니. 천의무봉의 맛이 이러하리니.

하지만 꿈에 불과하다. 언제쯤 한번은 천의무봉의 맛을 볼 수 있으려니, 아직도 나는 꿈을 꾼다. 누구라도 꿈을 꾸게 마련이다. 그리고 언젠가는 그 꿈이 이루어지게 마련이다.

그림을 그리며

인간이 도달하고자 하는 감정의 이상세계는 황홀경이다.

인간의 전 역사를 통해서 황홀경을 맛보고자 하여 사람들은 여러 가지 수단과 방법으로 부단히 노력하고 발전시켜 왔다. 뿐만 아니라 황홀경의 순간을 조금이라도 지속시키려는 훈련을 마다하지 않았다.

가장 원초적이고 본능적인 수단인 남녀 간의 사랑, 고도의 정신상태로 접어드는 종교적 체험, 그리고 학문과 예술을 통한 엑스터시이다.

오래전에 김윤식의 『황홀경의 미학』이라는 책을 가까이 놓고 애독했다. 누구에겐가 빌려주고 돌려받지 못했는데 지금은 절판되어 구할 수도 없으니 안타깝다. 맛있는 음식을 아껴 가며 야금야금 먹듯 읽던 기억이 너무도 또렷하게 남아 있다.

읽은 지 너무 오래되어 확실한 묘사는 가물가물하지만 「몽유도원도」를 처음으로 본 김윤식의 정서적, 지적 느낌은 지금도 전율할 정도로 그대로 전해온다. 김윤식은 안견의 「몽유도원도」를 보았을 때 황홀경을 넘어서 어떤 이유 모를 피로감마저 들었다고 고백했다. 품격 높은 예술작품을 감상할 때 느끼는 황홀경은 어디에도 비할 데 없다는 것이다. 그의 섬세한 오감과 심미안과 부지런한 발품이 부러웠다.

부러운 게 어디 그뿐이랴. 게으르고 잠 많고 재능 없고 변덕이 죽 끓듯 해 끈기마저도 없는 삼십대의 내가 어찌 부러운 게 한두 가지였겠는가.

대전 아주미술관으로 '이태리 판화 400년 전'을 보러 갔다. 15세기에서 19세기 사이에 제작된 회화, 조각, 건축을 재창작한 판화가 전시되고 있었다. 르네상스에서 낭만주의에 이르기까지 400년 동안, 서양미술의 중심에 있던 다빈치, 미켈란젤로, 티치아노, 푸생, 루벤스, 앵그르 등의 작품이 판화로 재탄생된 작품은 섬세하고 우아했다. 특히 잉그레이빙 기법(동판의 한 기법)으로 제작된 작품은 매우 부드럽고 꼼꼼해서 판화의 또 다른 매력을 느끼기에 충분했다. 미로처럼 구불구불하게 돌아다니도록 설계된 전시실은 보는 사람으로 하여금 마치 어릴 적 숨바꼭질 할 때 숨어 들어갔다 잠들어버렸던, 짚단이 있는 창고처럼 편안했다.

천천히 미로를 따라가다가 나는 스탕달이 한눈에 반했다는

「베아트리체 첸치의 초상」 앞에 섰다. 순결무구한 소녀가 슬프고 맑은 눈망울로 멍하니 나를 바라보고 있었다. 귀도레니의 작품을 르메르시에가 석판화로 만든 단색판화였다. 14세의 어린 나이로 로마 귀족인 아버지에게 겁탈당한 베아트리체는 복수하기 위해 아버지를 죽여 버렸다. 베아트리체의 살인이 정당방위다, 아니다, 로 여론이 시끄럽게 들끓다가 결국엔 형장의 이슬로 사라져야 했다. 사형당하는 여자아이가 워낙 미인이라서 사람들은 절세미녀의 얼굴을 구경하러 피렌체의 산타크로체 교회 앞 광장에 구름떼같이 모여들었고 귀도레니는 사형집행을 미루도록 부탁하고 죽임을 당하기 전의 베아트리체를 그렸다.

『적과 흑』을 쓴 스탕달이 그 그림을 보자 심장이 떨리고 무릎에 힘이 빠져 주저앉아 버렸다고 한다. 피렌체에서 많은 관람객들이 그림을 감상한 후 스탕달과 같은 정서적 압박감을 경험했는데 그 이후부터 그런 현상을 스탕달 신드롬이라 했다.

이렇듯 예술은 김윤식이나 스탕달이 느꼈던 것처럼 크건 작건 우리에게 여러 감흥과 동시에 환희를 준다. 그러한 정서적 신체적 미묘한 감동의 상태를 '황홀경'이라 말할 수 있다면, 감상에 비해 더욱 능동적이라 할 수 있는 창조적 행위가 주는 '황홀경'을 어디에 비하겠는가.

사람답게 살려면 일종의 도를 닦아야 한다.

나는 그림 그리는 일이 도 닦는 일이라고 믿었다. 어찌 그림 그리는 일만이 도 닦는 일이겠는가. 무슨 일을 하든지 진정성만 있다면 도 닦는 일이 되겠지만 그림을 공부하기 시작하면서부터 그림 그리는 일이 내게는 도 닦는 일이 되었다. '나'에 대한 기대를 버리려고 노력하며 마음에 들지 않는 그림이 그려져도 화내지 않는 훈련을 했다. 언젠가는 되겠지, 라는 생각도 하지 않으려 했다. 그저 그림 그리는 행위를 즐기려 했을 뿐이다.

그림을 그리면서 마음이 훨씬 편해졌다. 그리고 낙관주의자가 되었다. 화필을 잡는 일은 확실히 효력을 발휘했나 보다.

수묵그림의 골법용필이야말로 오랜 세월 연습만이 닿을 수 있는 피안일 테고 자괴감을 극복하는 것이 그림으로부터 자유로워지는 길이다. 끝끝내 자유로울 수는 없겠지만, 그 속에서 얻는 자유가 의미로운 것이다.

중국의 남제 때 사람인 사혁은 『고화품록』에서 그림의 품격을 정하는 최고의 조건은 기운생동의 경지라고 하였다. 사생이 아무리 잘되었다 해도 기운을 품고 있지 않거나 채색이 좋다 해도 골필법을 잃으면 그림이라고 할 수 없다는 것이다. 사생이나 색채는 예비적 조건에 불과할 뿐, 진정한 그림은 천지간의 신운을 포착하는 일, 즉 형상이나 색채의 대상세계가 아니라 기운, 신운을 포착하는 일이라는 것이다. 그러므로 수

묵그림은 속성상 강한 추상성을 지닌다.

오욕에 사로잡혀 헐떡대는 속인이 신의 영역이라는 기운생동의 경지를 득하기엔 멀디멀지라도 그저 물처럼 무심하고 담담한 마음으로 전통기법과 사생에 몰두하다 보면 형상을 뛰어넘는 그림을 그릴 수도 있겠고 더러는 몰아의 상태로 접어들 수도 있을 것이다.

잘해보겠다는 욕심마저 버려야 한다. 버리려고 한다. 그저 붓 가는 대로 그려나가다 보면 마음이 아니라 몸이 먼저 말하기 시작한다. 머리가 아닌, 손이 기억하기 때문이다. 해서 머리가 아닌, 손으로 먼저 궁리해야 한다. 몰아지경으로 접어들면 머리보다 몸이 먼저 황홀경을 경험하기 시작한다. 가슴이 뜨거워지기 시작한다. 입술을 깨물기도 하고 앙다물어 안간힘을 쓰기도 한다. 전신의 힘과 마음을 모조리 쏟아 붓는다. 때로는 미친 듯 격렬하게, 때로는 정숙하게, 혹은 미니멀하게.

나를 버린다.

나는 이미 내 안에 존재하지 않는다. 그리하여 몸이 기억하는 오르가슴에 다다른다. 천형처럼 질질 끌려다녀도 여전히 그림에 매달려 쩔쩔 매는 이유다. 내가 그림을 그리는 이유다.

몸이 먼저 알고 갈망하는 오르가슴에 이르고 싶은 본능 때문에 나는 그림을 그린다.

세상을 향하여 닫아 놓았던 문을 열어젖힌다. 그리고 세상을 향해 화해의 손을 내민다.

아버지의 봄날

아마도 중학교 일,이 학년 때쯤일 거다.

“One day passed.”

한숨 쉬듯 아버지가 나지막하게 웅얼거렸다. 아주 조그마한 소리였지만 마치 동굴 속에서 공명이 되는 것처럼 너무도 또렷하게 울려왔다. 나는 숨도 크게 못 쉬고 시선을 둘 데 없어 그저 전주천의 흐르는 물만 바라보고 있었다.

외가에 잔치가 있어 아버지는 기분 좋게 한잔하시고 나를 데리고 집으로 돌아가는 길, 초가을 해가 넘어가는 서신다리에 서였다. 서신다리는 이모댁에서 전주역까지 걸어가는 중간에 한숨 돌리던 곳이다. 새벽 찬바람 맞으며 오빠랑 길을 나설 때 우리를 따라오던 그믐달과 금성을 멈춰 서서 바라보던 곳이기도 하다.

그 후 일 년이나 되었을까. 아버지는 인생을 새로 시작하겠다며 미국유학을 떠나셨다. 그러나 부양할 자식들이 족쇄가 되어 2년도 못 채우고 가난의 땅, 우리 집으로 다시 돌아오실 수밖에 없었다.

아버지의 희망이자 족쇄인 다섯 자식들.

꿈을 이루지 못하고 그저 그렇게 한평생을 살며 단 한 번도 못다 한 학업에 대한 이야기를 입 밖으로 내시지 않았다. 그러나 나는 철이 들어가면서, 내 꿈을 실현하고 싶으면 싶을수록 그날의 아버지의 한마디가, 가슴 밑바닥에서 끓어오르는 탄식과도 같은 웅얼거림이 떠오르는 것이다.

“One day passed.”

눈부시게 화사한 봄날이었다.

드라이브를 좋아하는 아버지께서 복사꽃 피는 금구 쪽으로 나가자고 하셨다. 마침 구릉마다 복사꽃이 만발하여 구불구불한 길가 산자락마다 복사꽃밭이 이어졌다.

“여기가 바로 무릉도원이구나.”

아버지는 몹시 즐거워하셨다. 아버지가 갑자기 총각 때 근무했던 초임지에 가보고 싶다셨다. 이서의 조그만 학교였다. 아버지는 혼자서 학교로 들어가셨다. 아마도 나한테 방해받지 않고 추억여행을 떠나고 싶으셨나 보다. 늙으면 추억을 먹으며 산다고 했던가. 아버지는 환하게 웃으며 나타나셨다. 50년이나 지났는데도 변하지 않은 흔적들을 찾았다며 숙직하던 방이며, 칼집이 나있는 커다란 고목에 대해 말씀하셨다.

그때 아버지는 무슨 생각을 하셨을까. 잃어버린 꿈을 되새김하셨을까. 아니면, 옆자리에 근무하던 여교사와의 초연이라도 추억하셨을까.

술이 몹시 취하신 날, 아버지는 전화를 하며 펑펑 우셨다. 아버지의 희망이자 족쇄였던 다섯 자식들, 그중에서 큰 자식인 내가 너무나 시시하게 사는 것 같았는지, 미안하다며 아버지는 우셨다. 내가 진학하려던 미술대학에 보내지 않은 걸 두고두고 후회한 아버지가 우신 것이다.

아버지의 족쇄가 되어 아버지의 꿈을 잘라먹고 자란 나는 이미 아버지에게 희망이 되지 못했다. 어쩌면 자식에게 아버지, 당신이 족쇄가 되어버렸다고 자책하셨는지도 모른다. 이루지 못한 아버지의 꿈과 시시한 자식의 삶이 폭포수로 내리꽂힌 것 같았다.

우리는 원하든 원치 않든 누구의 족쇄가 된다. 그리고 어떤 종류의 족쇄를 차고 살아간다. 족쇄는 벗기려고 하면 할수록 더욱 옥죄이기 마련이다. 누구도 족쇄로부터 자유롭지 못하다면, 그렇다면 기꺼이 자기 몫의 족쇄를 감당할 일이다.

미안하다니요, 아버지.

복사꽃이 지고 아버지의 봄날은 가고 아버지도 가셨다. 개발에 떠밀려 아버지의 '무릉도원'도 사라져 갔다. 무엇에 떠밀리듯 정신없이 나도 그저 나의 족쇄를 지니고 살아갈 뿐이다.

복사꽃이 흐드러져 연분홍빛 꽃잎이 바람에 흩날릴 때면 나는 어김없이 아버지가 생각나고, 아버지가 생각나면 복사꽃을 그린다.

그럴 때면 설명할 수 없게도 서신다리에서의 아버지의 웅얼거림이 떠오르는 것이다.

"One day passed."

바느질하는 남자

미협 회원의 전시회 뒤풀이 때였다.

누군가가 자기의 조그만 개인전 책자 위에 "꼭 뵙고 싶습니다. 금방 갈게요. 가지 말고 기다려 주세요.'라고 큼지막하게 써서 내게 전해왔다. 그리고는 얼마 안 있어 키가 자그마하고 마른 남자가 나타났다. 우연히 내가 쓴 단문을 읽고 꼭 나를 만나야겠다고 별렀다고 했다. 그 사람이 이경태다.

그의 작품을 보기 전에 사람부터 만난 셈이다. 그는 발음을 정확하게, 힘주어 말하려 했고 열심히 자기의 생각을 주지시키려 했다. 큰 눈은 깊고 맑고 선량해서 마치 슬픔을 가득 담고 있는 것 같았다. 훨씬 후에 그는 내게 자기는 '슬픔'의 근원으로부터 왔을 거라고, 그래서 '슬픔'을 느끼는 감정이 편하고 고향 같아 익숙하다고 고백했다. 그러나 한편으로 그의 눈은 아주 강렬하고 독한 서슬을 내품고 있는 듯도 싶었다.

눈물을 머금은 듯한 눈망울과 독한 기운을 발하는 눈빛에 난 좀 당황스러웠다. 그날은 그렇게 잠시 얘기를 나누고 헤어졌다. 아니, 나는 주로 듣기만 했다. 그 후 이러저러한 자리에서 이경태를 자주 만나게 되었다. 그는 그때마다 여전히 많은 말을 했다. 그는 부지런히 음악과 연극, 영화를 사랑한다. 로맨티스트로 불리는 걸 좋아한다. 방송 일에 신문 연재까지 언제 그 일을 다 하고 언제 잠은 자는지 알 수 없을 지경이다.

그의 작업은 다양하다. 옛 집의 문짝이나 버려진 살림살이, 의자가 그의 화판이 된다. 옛날과 현대의 조화를 모색한다. 그는 아마도 아상블라주(잡다한 물건이나 폐품 따위를 조립해서 작품을 만드는 일이나 작품을 말한다.)의 계보를 잇고 있다는 자부심을 갖고 있는 듯하다.

내가 관심을 같는 건 그의 바느질 작품이다.

그의 바느질은 김수자의 바느질과 다르다. 캔버스에 계획되어 한 치의 오차도 없이 홈질로 바느질하는 김수자의 바느질은 마티에르 효과를 극대화하며 일정부분의 구성을 담당한다. 굉장히 꼼꼼하고 바늘땀도 일정하다.

그러나 이경태의 바느질은 제멋대로다. 순전히 바늘 잡는 순간의 기분대로다. 그래서 김수자는 힘들고 바쁘면 계획된 대로 누군가가 대신 바느질해줄 수도 있겠지만 이경태는 그게 안 된다. 단 한 땀이라도 자기가 다 떠야 한다.

그러나 단단하고 뻣뻣한 캔버스에 하는 김수자의 바느질은 힘들고, 흐느적거리는 천에다 하는 이경태의 바느질은 편하고 쉽다. 그는 명주, 광목, 삼베나 모시, 군용모포 어느 천에나 바느질을 한다.

이경태의 바느질은 틀리거나 잘못되어 뜯어내는 경우는 거의 없을 것이다. 애초에 계획되거나 의도되는 것이 아니고 바늘 가는 대로 내버려 둘 테니까. 이경태는 바느질하면서 생각이 많다고 했다. 결코 '무아', '내'가 없어지는 게 아니라고 했다. 생각 따로, 손 따로인가 보다.

그렇더라도 그의 바느질의 즉흥성은 꼬물꼬물하고 삐뚤빼뚤하다.

이경태의 바느질 작품을 보면 장난질치고 싶어진다. 느슨해지며 마음이 편해진다. 경계심을 놓아버린다. 입가에 웃음이 감돌기도 한다.

기원전 3300년, 메소포타미아 수메르족의 물표나 쐐기문자 같기도 하고 황하 강 유역의 중국 고대의 상형문자 같기도 하다. 아니면 우주의 어느 행성에 살고 있는 외계인의 기호 같기도 하다.

그는 넓은 전시장에 바느질한 천을 휘장처럼 길고 짧게 늘어뜨리기도 하고 판넬로 만들어 평면으로 걸기도 하며 창밖의 풍경으로 묘사하기도 한다. 나는 천들을 휘감으며 들랑날랑

해보기도 하고 손으로 만져보기도 한다. '작품에 손대지 마시오.'는 필요 없을 듯하다. 적어도 경건하지 않아도 좋을 것 같다.

이번 개인전 작품은 주로 바느질 작품이다.

자기 아들과 서 있기도 하고 '로마네꽁띠'라는 와인을 색스럽게 수놓기도 했다. 무지하게 비싸고 귀한 와인이라는데 그는 왜 환상 속에 존재하고 싶어진 걸까. 현실에서 도피하고 싶은 것일까.

작품은 작가가 완성할 때까지만 작가의 것이고 일단 전시장에 내걸리면 감상자의 것이다. 어떻게 작품을 감상하며 상상의 세계를 날아다니던 그건 감상자의 몫이다.

나는 그의 작품을 보며 고대인의 생활 속으로 날아가 언젠가 TV에서 보았던 사막에 묻혀있던 유적을 떠올려 보기도 하고 그들의 그림과 그림이 그려져 있는 회벽을 상상해 보기도 하며 마음껏 즐겨보는 것이다.

이 찬란한 꿈을

그해 가을은 유난히 쓸쓸했다.

유난히 쓸쓸하다고 느꼈던 건 마음이 허하거나, 누구에게도 털어놓지 못할 걱정거리를 품고 있기 때문이었을 것이다. 언제라도 내게 위로가 되어줄 수 있을 거라고 믿었던 친구가 먼 곳에 머물러 내게 방관자 같았으므로 더욱 외로웠는지 모른다.

11월 초순에서 하순경으로 넘어가는 한강변은 밝은 오렌지색에서 짙은 갈색으로 조금씩 변해갔다. 햇살은 한 뼘씩 엷어져 가고 쌀쌀한 바람에 파르르 떨고 있던 미루나무 잎은 날마다 몇 잎씩 떨어져 땅에 뒹굴었다.

나는 갤러리에 혼자 앉아 글을 쓰거나 책을 읽다가 문득 눈을 들어 바깥 풍경을 바라보기도 했다. 뜰에는 야생화가 지천으로 있건만 갈색의 풀더미 속에 겨우 숨어있는 꼴이다. 봄,

여름 내내 화사한 꽃을 피우고는 시들어 겸손히 자리만 표시하고 있다. 오직 내년 봄을 기약한다는 듯이.

갤러리 관장은 "내년 봄에 하라니까 이렇게 별 볼 것 없을 때에 해요?"라며 괜히 미안해했다. 그러나 별 볼 것이 없는 그 때, 그곳이 내 마음 같아서 마음 편히 쓸쓸해 할 수가 있었다. 아무리 쓸쓸한 풍경이지만 그 풍경을 즐기려 사람들이 도시 냄새를 풍기며 찾아왔다. 그들은 넓은 뜰 사이로 난 유선형 흙길을 천천히 거닐다가 아늑한 카페에 앉아 오랫동안 이야기를 나누며 점심을 먹었다. 갤러리에 들러 그림을 보며 어쩌다 내게 이것저것 질문을 하기도 하고, 민망할 정도로 아주 천천히 그림을 보기도 했지만 어차피 바람이나 쐬러 나온 참이어서인지 서두르는 사람은 별로 없었다. 그들은 한 손에 전시책자를 들고 다시 일상으로 돌아갔다.

나는 혼자서 카페에서 점심을 먹은 후 미루나무 쪽으로 걸어가 강변에 산책 나온 사람들을 바라보았다. 때로 바람 부는 테라스에 앉아 뜨겁고 향 좋은 커피를 마시며 서쪽으로 기우는 해를 바라보기도 했다.

커피향이 기분 좋게 코끝을 감싸고돌았다. 원두커피는 11월에 가장 향기롭다. 나날이 어두워가는 바람의 색깔이 커피의 향을 키우고 있기 때문일 것이다.

햇빛이 강물에 잘게 부셔져 내렸다. 미루나무의 가는 줄기 사이로 강물은 마치 무덤가에 무성히 돋아난 풀처럼 덧없는 희망으로 강렬하게 반짝거렸다. 불빛에 비치는 크리스털처럼 반짝거리는 강물 위에 몇 마리 철새들의 삶이 있었다.

하늘은 진홍빛, 연노랑과 회청색, 회갈색으로 변해가다가 수평으로 문을 닫았다. 하늘이 문을 닫으면 나도 갤러리 문을 닫았다. 강 너머로 사람의 집들이 불을 밝혔다.

어느 날 종일 가을비가 뿌렸다. 미루나무 잎사귀가 거의 다 떨어져 버리고 퇴락한 잎은 진땅에 뒹굴어 흙 묻은 얼굴로 바람에 굴러다녔다. 가을은 이렇게 깊어가고 개인전의 마지막날이 왔다.

막 이순을 넘긴 듯한 부인이 철에 맞지 않게 털 머플러로 얼굴을 둘둘 감아 가린 채 전시장에 들어섰다. 그 부인은 한 시간이 넘게 아주 천천히, 아주 꼼꼼히 그림을 꿰뚫듯 보고 또 보았다. 마치 시험관 앞에서 검사를 받는 듯 나의 등에서 한 줄기 진땀이 흘렀다. 잠시 바깥에 나갔다 들어오니 그때까지도 그 부인은 전시장에서 그림을 보고 있었다. 감기 기운 때문에 누워있는데 전남에 사는 친구에게서 전시회에 관한 전화가 왔단다. 서너 점의 작품이 아주 맘에 든다며 부인의 견해를 말했다. 그림을 전공하지도 않은, 살림만 하고 살았다는 부인은 심미안을 지니고 있는 듯했다. 누군가에게 나의 세계를 이해받는 것처럼 위로가 되는 게 또 있을까. 신병을 치료하기 위해 공기 좋고 물 맑은 곳으로 이사를 했다고 하면서 그림을 걸어놓고 보면 병이 나을 것 같다며 그림에서 희망을 보았노라고 했다.

아픔을 치유해 줄 수 있는 그림이라.

이 그림을 그리며 나는 아픔을 치유할 수 있었던가?

나는 그림을 그리면서 충분히 위로받고 행복했으므로 완성된 그림을 보는 사람이 행복하기를 바랐다. 내 그림 한 점을 세상의 단 한 사람만이라도 좋아해주면 된다는 생각이 증명되고 있었다.

무얼 더 바라랴. 내 그림을 걸어놓으면 신병이 나을 거라는 희망이 생겼다는 그 부인의 말에 그냥이라도 선물하고 싶었다.

비록 희망이 무덤가에 무성히 돋아나는 잡풀 같은 것일지라도 역광에 반짝거리는 강물의 비늘처럼 우리를 설레게 하고 우리를 버티게 한다. 희망이 우리를 덧없는 환상에 사로잡히게 할지라도 우리는 희망을 버릴 수 없다.

쓸쓸하기 짝없는 가을날, 한강변의 풍경이 나에게 한 희망이 되었듯이, 진실로 나의 그 그림, 「이 찬란한 꿈을」이 부인에게 치유의 희망이 되고 있기를.

화가에게서 떠난 그림은 이미 화가의 것이 아니다.

어둠 속에 돋아나는 꽃들

갑자기 들이닥친 아버지의 죽음을 나는 인정할 수가 없었다. 일찍 가신 어머니 몫까지 더해, 오래 사실 거라는 맹목적인 믿음에는 아버지의 건강도 한몫 담당했다는 것을 부인할 수는 없대도 그렇게 허망하게 인사 한마디 못하고 헤어지게 될 줄은 몰랐다. 어머니한테 못 전했던 마음을 절절히 말씀드리리라, 두 번 다시 육친에게 후회되는 짓은 안 하리라 다짐했지만 아버지는 그것마저 허락하지 않고 가버리셨다.

뛰어다니던 아버지가 머리를 다쳐 의식불명인 채로 중환자실에 누워계셨다. 퉁퉁 부은 얼굴이 도무지 아버지 같지 않고 낯설었다. 그때 시트 밑으로 아버지의 발을 보았다. 아, 낯익은 아버지의 발. 통풍으로 엄지발가락의 연한 속살이 발갛게 부어있는 발. 아버지의 발이었다.

어머니의 갑작스런 암 선고는 겁 많고 유약한 아버지를 혼을 빼놓을 만큼 힘들게 했고 통풍은 이 틈을 타 아버지에게 쳐들어왔다. 정신적인 극심한 고통을 잊어버리게 할 만큼 통풍의 통증은 견딜 수 없이 격렬했고 넋 나간 가족들이 어머니한테 매달려 있는 동안 아버지는 돌봐주는 가족도 없이 홀로 입원을 해야만 했다. 지독한 통증을 경험한 아버지는 통풍이 재발되는 기미만 보이면 서둘러 투약을 하고 섭생을 주의하셨다.

외아들이 사업에 실패한 후, "내 아들이 길바닥에 나앉으면 어떻게 하냐?"며 애간장을 녹이던 아버지는 통풍 같은 대리통증도 앓지 않고 그만 가버리셨다.

이제야 통풍으로부터 자유로워지셨구나, 아버지는. 나는 한숨을 내리쉬며 단 한 번도 만지지 않았던 아버지의 엄지발가락을 두 손으로 가만히 감싸 쥐었다. 햇빛이 너무 눈부셔서 거울이 쨍하고 깨질 듯한 여름, 배롱나무 꽃이 처연히 피어있던 날이었다.

삼우제를 지내고 곧 바로 화실로 나갔다.

아무리 심신이 녹초가 되었다 해도 그려주기로 한 그림의 약속을 더 이상 미루기가 난감했다. '나비의 날갯짓'이라고 이름붙인 내 능소화 그림을 보고 '나비의 날갯짓'이라는 시를 쓰신 임억규 선생께서 부탁하신 시집 표지화를 그려야 했기 때문이다. 임억규 선생은 집안의 조부뻘 어른이다.

손으로 그림을 그리면서도 자꾸만 아버지의 죽음에, 아버지의 인생에 사로잡혀 내 머릿속은 물감을 흩뿌려 섞어놓은 것처럼 어지럽고 막막했다.

능소화는 죽음과 삶의 무게로 버무려져 밝고 어둡고 화려하고 비애에 찬 미묘한 색으로 내 앞에 나타나기 시작했다. 능소화. 칠월 햇빛 밝은 날에 어디에나 강한 흡착력으로 달라붙어 하늘로, 하늘로 올라가 하늘을 범하는 꽃. 능소화는 강한 생명력을 갖고서 감히 하늘을 대적하고자 꿈을 꾼다. 꽃잎은 속에서부터 노랑과 주황, 빨강으로 점차 짙어지는 통꽃으로 강렬하고 환하게 다닥다닥 핀다. 그러다가 통째로 툭 떨어진다. 비 온 뒤면 능소화는 땅에 수북이 떨어져 비장미를 느끼게도 한다.

내 삶은 능소화만큼이라도 되는 걸까.

능소화의 강인한 삶의 의지와 도전력과 하늘을 능하고자 하는 의지가 새삼스럽다. 열심히 살다가 생을 마감할 때는 미련없이 툭 떨어져 버리는 능소화. 능소화처럼 훌쩍 가버린 우리 아버지.

아버지의 죽음을 생각하면서 나는 잘 살고 싶었다. 어차피 자신의 죽음은 보지 못할 테니 아버지의 죽음으로 인해 각성하고 싶었다. 그것은 내 삶에 대해 각성하는 길이었다. 내 죽음을 각성하기 위해서는 아버지의 죽음이 내 삶 속에서 계속 살아 숨쉬고 있어야 한다. 아버지의 죽음이 잊히는 순간 내 삶은

타락하게 되고 아마도 썩어 문드러지게 될 것이다. 아버지의 죽음을 기억하는 일은 내 삶의 방부제를 지니고 있는 것이다.

아버지는 생전에 나를 가르치려고 하신 적이 없다. 아주 어려서부터 아버지는 나를 성인으로 대했다. 무엇이나 상의를 하고 내 의견을 물어볼 뿐, 나를 가르치시진 않았다. 그러나 돌아가셔서 내게 끊임없이 가르치신다.

잘 살고 싶은 만큼 잘 죽고 싶다. 잘 죽고 싶으면 잘 살아야 된다. 죽음에 늘 대비한다면 잘 살 수 있을 것이다.

나는 정말 잘 살아내고 싶다.

그러려면 아버지의 '통풍' 하나쯤 가슴에 지니고 살아야겠다. 통증을 극복하는 지혜와 인내는 내게 삶을 각인시켜 줄 것이므로.

나는 능소화의 주홍빛 열정과 하늘을 향하여 기어오르는 지칠 줄 모르는 생명력, 꿈을 이루고자 하는 열망, 군더더기 없는 산뜻한 생의 마감이 좋다. 잘 살고 잘 죽는 능소화를 닮고 싶다.

포리스터 카터의 소설 「내 영혼이 따뜻했던 날들」의 인디언 할아버지처럼 몸의 마음이 먼저 졸기 시작하고 다음에 영혼의 마음이 졸다가 영혼이 서서히 몸을 빠져나가는 죽음을 맞이하고 싶다.

혜안과 관조와 달관이 없으면 안 되는 일이겠지.

꺼지지 않는 등불을 켜다

“너, 나한테 시집이나 와라.”

한 달 내내 매일 같은 시간에 시시껄렁한 전화만 시답잖게 해대더니만 기껏 만나자고 해서 한다는 소리가 “결혼 안 하냐?”였다. 할 수도, 안 할 수도 있는 내 결혼이 뭐가 대단해서 만나자마자 쌔고 쌘 말 다 놔두고 “결혼 안 하냐?”인가.

봄이라고는 하지만 아직 몸에 한기가 느껴지는 쌀쌀한 오후였다.

“뭐, 이런 형편없는 사람이 있어.”

선배는 대번에 나에게 형편없어져 버렸다. 동아리 모임에서 처음 만난 날부터 선배의 돼먹지 않은 짓에 입씨름을 벌였고 다른 선후배들은 우리의 설왕설래에 실실 웃으며 재미있어 했지만, 선배는 그때도 내겐 형편없는 존재였다.

하지만 그는 내 선배였고 나는 그의 후배였다.

선배는 후배의 '밥'이다. 그는 '밥' 노릇만큼은 잘했다. 다른 선배들처럼 그도 좋은 선배였다. 나는 심심하면 떼를 썼고 선배는 무조건 들어주었다. 언니 오빠가 없는 나는 떼쓰는 게 좋았고 그는 흑심이 있어서 우리의 기묘한 만남은 계속되었다.

그런 그가 "결혼 안 하냐?"를 물을 때처럼 무식하게, "너, 나한테 시집이나 와라."며 직격탄을 날렸다. 시집이나? 무슨 애들 껌 씹는 소리. 결혼하자고 해도 시큰둥할 텐데, 시집이나 오라고? 내가 왜? 나도 무식하게, 무식하게 나오면 더 무식하게 응수했다.

"싫어."

"왜?"

"나는 게을러서 일하기 싫거든. 밥하기도 싫고 청소는 더 싫어. 때가 됐다고 꼬박꼬박 밥 챙겨 먹는 것도 싫어. 아침에 일찍 일어나야 하는 것은 죽기보다 싫어. 결혼 안 할 거야."

그땐, 잠은 눈꺼풀이 무거울 때, 밥은 먹고 싶을 때 먹는 것이 자유롭게 사는 일이라고 생각했다.

'그냥'이라고 말해야 했다. 그냥, 그냥이라고만 했어도 나는 유유자적 근사한 독신녀의 일생을 구가할 수도 있었을 것이다. 결혼제도에 얽매이기 싫었으니까. 한 남자에 매달려 평생을 사는 것도 싫고 시댁 식구들과 얽히는 것도 싫었으니까. 그 시대를 풍미한 사르트르와 보부아르처럼 계약결혼이나 하면 몰라도.

나는 내 식대로 말하고 그는 그의 뜻대로 말했다. 그는 싫은 짓은 안 하면 된다, 여자가 결혼한다고 해서 꼭 하기 싫은 일을 할 필요는 없다, 서로 좋아하는 일을 나눠 하면 된다고 힘도 안 들이고 말했다.

"그래도 싫어."

나는 환상과 걱정에 사로잡혀 사는 천방지축 제멋대로이고 선배는 도덕적 보수적 합리적인 사람이다. 우리는 물과 기름처럼 겉돌 수밖에 없는 사람들이라는 나의 말에 서로의 결점과 장점을 보완할 수 있으니 얼마나 이상적인 결합이냐고 그는 꼬드겼다.

하기야 그는 아이 아빠로서는 상당히 이상적인 유전자를 갖고 있는 사람이기는 했다. 결혼은 안 하더라도 딸 한 명쯤은 꼭 낳고 싶었으니 이왕이면 나보다 훨씬 나은 딸을 낳고 싶은 욕심은 당연하고도 당연한 일. 선배의 장점과 내 장점만을 가지고 딸이 태어난다면 그건 정말 대단히 기적적이고 환상적인 일이 될 것이다.

어쨌든 나는 한참 있다가 다시 말했다.

"아무튼 싫어."

"왜?"

"살다가 내 영혼을 홀랑 뒤집어놓는 사람이 나타나면 어떻게 해. 그 사람 기다릴래."

나는 진심으로 말하고 그는 웃지도 않고 진지하게 대답했다.

"바보야, 그럼 그때 가서 그 사람한테 가면 되잖아."

"간다고 하면 보내줄 거야? 정말 화 안 내고 보내줄 거야?"

"그럼."

순하게 대답하는 그의 말을 듣는 순간, 내 마음 밑바닥에 믿음처럼 등불 하나가 켜졌다. 그 등불은 따스했다. 순진한 나는 등불을 켠 가슴으로 스물여섯 꽃다운 나이에 그와 결혼했다.

그러나 결혼은 현실이었다.

더 이상 그는 내 선배가 아닌 건 말할 것도 없고 어머니가 안 계신 집안의 실질적 가장이고 장남이었다. 그에게 나는 더 이상 사랑스런 후배도, 열심히 꼬드겨 결혼하고 싶은 귀여운 여자도 아니고 그저 자기 동생들 잘 챙기고 집안 단속을 게을리하지 말아야 하는 아녀자에 불과하였다.

그가 내게 한 약속을 지키지 않은 건 아니다. 다만 처해진 상황이 나로 하여금 마땅한 처신을 하게 만들 뿐이었다. 어쩌다 보니 서른도 안 된 나이에 나는 두 아이의 엄마가 되어 있고 시어머니 안 계신 집안의 맏며느리, 큰형수 노릇을 잘하든 못하든 감당해야 했다.

결혼에 대한 대단한 환상을 가진 건 아니었지만 나는 조금씩 지쳐가기 시작했다. 남편은 내 눈을 바라보고 말을 걸지도 않고 내가 하는 말에도 건성이었다. 우리는 단지 동거인에 불과할 뿐이다. 적어도 마음 따뜻해서 늘 기대고 싶었던 선배였는데 기대기는커녕 그는 짜증만 늘어갈 뿐이다. 여차하면 삐치기는 또 얼마나 잘 삐치는지. 삐치는 건 그래도 애교로 봐줄 수 있었다. 저 사람은 무얼 위해 살까. 이해할 수가 없었다.

처음에는 어떻게 해 보려고 했다. 그래서 대판 싸움을 걸거나 무관심한 척도 해 보고, 무작정 야료를 부리기도 해보지만 들은 척도 하지 않았다. 결코 남편의 악조건이 싫은 건 아니었다. 나를 못 견디게 하는 건 남편의 태도였다.

내가 죽겠다 해도 눈썹 하나 씰룩이지 않는 남편이 아이들한테만은 지극정성이다. 그렇게 좋은 아빠일 수가 없다. 그 점 하나만으로 남편을 용서했다. 하지만 용서하는 건 머리이고 가슴은 남편을 거부하기 시작했다.

그렇게 십 년. 새처럼 재잘거리길 좋아하는 내가 남편에게 입을 닫기 시작했다. 나는 절망했다. 그는 둔하고 둔했다. 몇 달씩이나 말을 안 해도 전혀 눈치를 채지 못했으니까. 아니, 말은 했다. 식사해라, 아무개가 전화 했다 같은. 그건 내 의지나 감정을 이야기하는 게 아니라 동거인에 대한 최소한의 예의였다.

어느 날 그가 어두운 얼굴로 얘기 좀 하자고 했다. 내가 그렇게 얘기 좀 하자고 안달할 땐 들은 척도 안 하더니만.

잠자리에서 자기의 살이 닿으니 내가 움칠하더란다. 이거

보통 심각한 문제가 아니구나, 했나 보다.

감정을 극도로 배제한 낮은 목소리로 "같이 살기 싫다."고 말했다. 헤어질 때 헤어지더라도 이유나 알잔다. 그게 무슨 의미가 있지?

"들을 귀가 있어야 무슨 얘기를 하지."

"너, 남자 생겼니?"

"남이사."

남편은 이제 내게 남이다. 대답할 아무런 의무가 없다. 이미 그런 얘기들이 아무런 의미가 없다. 남편이랑 같이 살기 싫어진 건 상대적인 것이 아니다. 그가 누구에 비해 맘에 들지 않다거나 어떤 누가 좋아져서 자기가 싫어진 게 아니라는 걸 아직도 몰랐다. 한심하게도.

결혼 전 했던 약속을 지키려고 하는지 기껏 한다는 소리가 "남자 생겼냐?"였다.

잘 들어 보겠으니 말 좀 하라고 했다.

밤 12시, 해묵은, 내 안에서 썩어 뒤엄이 된, 그래서 내 한숨이 되고 눈물이 되고 병이 되어버린 이야기를 하나씩 끄집어냈다. 그랬었구나, 나 같아도 화가 났겠네, 정말 몰랐어, 미안해, 남편은 열심히 추임새를 넣어가며 귀를 기울였다. 이야기할 맛이 났다. 이야기한 지 댓 시간이 지나자 나를 짓눌렀던 무거운 덩어리가 점점 나를 빠져나가는 것 같더니 갑자기 몸이 날아갈 것처럼 가벼워졌다. 한숨과 눈물과 병이 순간에 사라져

버렸다. 자꾸만 염치도 없이 웃음이 실실 났다. 신명이 났다. 잘 차린 굿판이었다. 굿판에서 나는 마음껏 울고 뒹굴고 춤추고 놀았다. 한 바탕 질펀한 해원굿이었다. 길고 긴 얘기를 마치고 나는 단잠에 빠져들었다. 오랜만의 단잠이었다.

남편은 같은 방식으로 다시는 힘들게 하지 않았고 내 안에 꺼져버렸던 등불 하나가 다시 켜졌다.

그는 내가 아주 사소한 일로 떼쓰고 싶은 선배고 내 작품의 호의적 관객이고 맛깔스런 밥상을 차려주고 싶은 손님이고 새벽잠 없어 일찍 일어났다가 새벽 차가운 기운에 오그라든 채 자고 있는 내 이불을 살며시 여며주는, 오래오래 만나고 싶은 묵은 된장 같은 친구이다. 그리고 우연히 밖에서 만나면 가슴 두근거려지는 애인이다.

지금까지 남편과 잘 살고 있는 건 순전히 남편의 덕이다.

불행인지, 다행인지 아직까지 내 영혼을 홀라당 뒤집어 놓는 남자가 나타나지 않은 때문인지도 모르겠지만.

빛과 그림자

공연을 본다.

연주가 깊을수록 관객은 연주자에게 박수갈채를 보낸다. 그동안의 각고의 노력과 수많은 연습과 타고난 재능에 대한 격려와 우리에게 주는 감동에 대한 보답이리라.

그런데 언제부터인가. 무대 위의 주인공이 스포트라이트를 받으면 받을수록, 최고의 공연이 될 수 있도록 최선을 다한 무대 뒤의 인물들이 자꾸만 생각난다. 하나의 공연이 이루어지려면 많은 스텝이 있어야 하므로.

그들은 이름 없이 빛도 없이 열심히 일했을 것이다. 음지의 그들이 없으면 공연은 이루어질 수 없다. 공연이 성공했다고 공인되면 그들은 다만 만족할 뿐이다. 그들이야말로 저 좋아서 하는 일이다. 합하여 선을 이루는 것이다. 지고지순하다.

나는 스타가 되고 싶었다. 최고가 되고 싶었다. 그러다 어느 단계에선 단지 어떤 수준에라도 이르고 싶었다.

그런데 지금은 누군가의 숨은 조력자가 되고 싶다. 그때부터인가, 무대 뒤의 보이지 않는, 없어서는 안 될 많은 이들에게 진정한 박수를 보내고 싶어진 것이.

빛이 좋았다.

밝은 빛을 그리고 싶었다. 그러나 너무나 눈이 부셔서 빛을 그릴 수는 없었다. 숲의 그림자를, 나무의 그림자를 바라다보면 어둠 너머로 역광, 빛이 보였다. 빛이 있으니 그림자가 있었다. 어둠 속의 나무를 그리다 보면 밝음을 그려낼 수 있을까? 빛을 드러내기 위해 어둠의 존재는 필요하다.

나는 어둠을 볼 줄 몰랐다. 어리석게도.

밝음을 지향한다면 밝음의 그림자를 인정해야 한다. 양지가 있으면 음지가 있는 법. 수평이 있으면 수직이 있고 플러스가 있으면 마이너스가 있다. 따뜻함과 차가움은 사이좋게 공존한다. 얻어지는 게 있으면 잃는 게 있고 잃는 게 있으면 또 얻어지는 게 있으니 잃는 게 꼭 가슴 아픈 일만은 아닐지 모른다.

빛 뒤에 숨어 있는 익명의 주인공들에게 박수를.

4부

능금이 익을 무렵

얼추 7월 초까지만 해도 여름이 좋다고, 땡볕이 있어야 곡식이 익듯이 사람도 익어 간다고, 봄날은 사람을 달뜨게 하니까 여름에야 마음이 차분히 가라앉아 무언가 일을 할 수 있는 거라고 나는 큰소리친다. 그러나 7월 말쯤 되면 내 생활은 하루하루가 악전고투의 연속이다. 열대야 때문에 밤잠을 설치고, 작업실에 나가면 그럭저럭 오후 한 두어 시까지는 어떻게 견뎌내다가 그 다음부터는 그야말로 속수무책이다. 냉동실에 물수건을 꺼내 달궈진 살갗에 대고 선풍기를 쐬거나 작업실에서 가장 가까운 찻집으로 내달아 숨이 턱 막힐 것 같은 더위를 식히곤 한다. 그러니 한여름의 나는 데쳐 놓은 시금치 같을 수밖에.

그러다 8월 초가 되면 여름날이 아무리 더워봤자 이제 한 열흘만 지나면 슬슬 풀이 죽겠지, 기대를 하며 하루하루 날짜 가는 걸 셈하게 되니 일 년 중 이때가 달력을 가장 많이 쳐다보게 되는 때다. '기대'가 나를 살리는 날들이다.

어느 무지하게 더운 날, 초등학교 동창이 나를 찾아오겠다며 필요한 걸 사 가지고 오겠단다. 그냥 오라고, 오면 냉커피는 대접하겠노라고 했지만 자꾸만 말하란다.

"정 그렇게 뭘 가져오고 싶으면 에어컨이나 한 대 사 오든지……."

"알았어."

명쾌하게 대답하더니만 이쁘게도 그냥 빈손으로 왔다.

"너무 더워서 에어컨 파는 집이 피서 갔나 봐."

천연덕스럽게 얘기해서 즐거웠던 적이 있다.

한여름에 나를 찾아오는 방문객은 이렇게 찜통 같은 데서 뭘 할 수 있는지 의아해하며 왜 에어컨을 안 쓰는 건지 묻곤 한다. 그러면 누구에게나 내 대답은 같다. 작업환경이 너무 쾌적하면 놀고 싶어서 일을 못한다고 말이다.

어떻게 보면 억지를 부리는 듯싶어 보이는 내 별스런 고집은 특별히 생산적인 일도 하지 않는 주제에 사치스럽게 무슨 에어컨씩이나 갖추고 살 거냐는 자기 비하인지도 모른다. 잘만하면 작업하느라 삼매경에 빠져 더위를 잊는 행운을 맛볼 수도 있고, 온몸으로 혹독한 더위를 맞받아내고 싶기도 하다.

선풍기 한 대로 여름을 몸살 앓듯 견뎌내고 8월 중순경이 되면 아침저녁으로 제법 선선해져 더위도 웬만큼 기세가 꺾이고 그동안 설쳤던 밤잠은 달콤해진다.

하순 무렵이 오면 아무리 더운 여름날일지라도, 아니 더우면 더운 만큼 마루 끝에 내려앉은 햇살이 엷어진다. 하늘이야 아직은 더 기다려야 청잣빛으로 그윽해지겠지만 여름날의 멀미날 듯, 쨍 소리가 날 것 같은 강렬한 태양빛은 확연히 순해져 간다. 나뭇잎은 푸석해지고 공기의 색깔이 달라져 간다.

이 무렵엔 대중가요의 「이별」 가사에 가슴이 저리고 언젠가 꿈속에서 봤던 소슬한 가을 들녘 오솔길이 그리워진다. 며칠 내내 꿈속의 풍경이 그리워 아득해질 때도 있다. 별로 대단하지도 않는 일에 치여 마치 삶을 내버리듯 가벼이 흘려보내는 내가 한심한 생각이 들어 이러다 아무 일도 못해 보고 갑자기 죽게 되면 어쩌나, 와락 겁나기도 한다.

어깨에 짊어진 짐을 내려놓고 전혀 계획 없이 떠나보길 희망한다. 계획하지 않고 되는 대로 떠나는 여행. 낯선 이국의 소슬한 뒷골목을 거니는 상상을 한다. 미로처럼 얽혀있는 소로를 걷다가 지치면 길가 한적한 시골 찻집에 들러도 좋으리라. 오래된 이층 목조건물에 삐걱거리는 마루라면 더욱 좋겠지. 향 좋은 차 한 잔 앞에 놓고 앉아서 알아들을 수 없는 나직한 말소리를 들으면서, 그들의 표정과 손짓을 보면서, 인생이 얼마나 아름다운 것인지를 느끼게 될지도 모를 일이다. 그러나 어쩌지도 못하고 그저 허공만 바라볼 뿐, 여전히 별 볼일 없는 하루를 이어간다.

어쩌다 한 번은, 정말로 어쩌다 한 번은, 일상의 쓸데없을 듯이 느껴지는 바쁜 일들을 내팽개치고 하릴없이 젊은 날 몇 번쯤 가봤던 시골동네 고샅에서 아는 사람 하나 만날 일 없이 어슬렁거리는 일도 이때다. 바람이 쇄아 지나가면 밤나무 마른 잎이 몇 잎, 싸리비 자국 정갈한 뒷마당에 떨어지고 나는 엊그제 일인 듯 너무도 생생해서 서러운 추억을 조문한다.

내 인생이 허망해지고 내 과거 어느 날의 결정이 후회스러워지는 일도 이 때다. 대체로 엄살 떨지 않고 살아온 내 인생이 안쓰러워서 마음이 허허롭다. 천년이나 살 것처럼 악착을 떨었던 내 가벼운 행위가 구차하다. 말은 점점 없어져 무겁게 가라앉고 괜히 아무에게나 "이젠 가을이야."라고 말한다.

못 견딜 것 같은 날들이다. 가슴 아리는 날들이다. 고독해서 눈물 나는 날들이다. 허망한 내 인생이 쓸쓸해지는 날들이다. 생각이 깊어지고 표정이 그윽해지는 날들이다. 계절이 혼탁해진 '나'를 정화하는 날들이다.

지난여름을 혹독하게 보냈으면 보낸 만큼, 가을의 냄새는 진하게 다가온다. 누군가가 그리워지고 인생이 모호해지는 계절, 뜨거운 커피를 마시며 막연히 전설 같은 청년기의 모험이 돌이켜지고 이루어질 수 없는 음모를 꾸미고 싶어진다.

택시를 탔다. 운전사가 말했다. "확실히 공기 색깔이 달라졌

죠?"

"그러네요."

내게 그림을 배우는 캐나다 태생의 킴에게 그 말을 했다.

"에이, 공기의 색깔이 어디 있어?"

"가을이잖아?"

"아직도 8월인데, 벌써 무슨 가을이래? 더워 죽을 지경인데……."

킴의 생경한 표정이 물냉면의 겨자처럼 상쾌하다.

바람의 눈물

그날의 안개비는 바람의 눈물이었다.

목포 앞바다는 온통 연회색빛 바람의 눈물로 젖어 있었고 우리는 적어도 정색하고 싶지 않았다. 아침부터 취하고 싶었다. 바람이 울고 있어, 우리도 아마 울고 싶었을 것이다. 목구멍으로부터 넘어오는 덩어리를 억지로 삼키고 싶지 않았다. 덩어리는 덩어리대로 뱉어버리고 싶었다. 빈속에 소주 한 잔은 목구멍을 타고 내려가면서부터 내장을 샅샅이 훑어 내리는 듯, 짜릿하게 기운을 쫙 빼놓았다. 옷깃을 반쯤 풀어헤치고 조였던 머리와 가슴의 나사를 헐겁게 열어버렸다.

그렇게 우리는 풀어헤쳐진 채, 배를 탔다. 아무에게나 친절하게 말을 걸고 적당히 주책을 떨었다. 갑판에 서서 바다를 보면서 웃기도 하고 「진도아리랑」을 부르기도 했다. 옷이 많이 젖지는 않을 만큼 안개비가 날아다녔다. 우리처럼 삼삼오오 모여 담소를 나누기도 하고 술잔을 기울이던 승객들은 모두들 선실로 내려가 버리고 우리만의 세상에서 우리는 여전히 취기를 즐겼다.

하늘과 바다의 경계가 희미했다. 어디가 하늘이고 어디가 바다인지 분간이 되질 않았다. 바람은 눈물을 머금었지만 파도는 잔잔하고 여름바다는 시원했다.

새가 날아다니는 형상이라서 비금도라 불린다는 섬에 닿았다.

우리를 초대한 국 선생은 조그맣고 조용한 포구에서 기다리고 있다가 명사십리 바닷가로 데려갔다. 한 사람도 보이지 않고 나는 새 한 마리 없이 찰흙처럼 단단하고 고운 백사장만 넓게 펼쳐져 있다. 아무리 장마철이라지만 사람이 보이지 않으니 마치 무인도에 떨어진 것처럼 현실감이 없다. 우리는 아무도 없는 그곳에서 마음껏 소리 지르고 노래 부르고 마셨다. 오직 바람과 백사장과 바다와 하늘, 그리고 우리뿐.

어디선가 연극처럼 지도를 손에 든 여인들이 나타나 우리 노래의 후렴을 따라 부르며 흥을 돋우다가 술 한 잔을 달게 마신 후, 서둘러 사라져 버렸다.

국 선생이 준비한 아이스박스에는 소주와 맥주, 과일과 물에 폭죽까지 꼼꼼히 재여 있었다.

우리는 고막재와 하느님 해수욕장, 하트 바닷가를 천천히 돌면서 걷기도 하고 주저앉아 손가락 사이로 빠져나가는 바닷물과 모래를 만지며 보이는 것들을 음미했다. 안개비는 여전히 유령처럼 우리를 감싸고 따라다녔다. 바람은 그렇게, 저마다의 사연으로 내내 울고 있었다.

가는 곳마다 나는 사진을 찍고 담과 인은 빨갛게 익은 산딸기를 따기도 하고 들꽃을 보며 탄성을 질렀다. 바닷물에 발을 담그기도 하고 쭈그리고 앉아 소주를 마셨다. 소주가 달다. 바람이 소주를 익혔나 보다.

고막재 바위 결은 검붉은 빛으로 젖어 있다. 붉다 못해 군데군데 검게 타버린 바위. 바위 틈새마다 세월이 켜켜이 쌓여 있다. '켜켜이,' 그 속에 내재되어 있는 사연을 어찌 짐작이나 할 수 있으리. 그 무량한 시간의 흐름을 지나 내 앞에 앉아 있는 바위 결을 보며 나는 '켜켜이'라고밖에 달리 표현할 길이 없다.

아무도 없는 곳, 커다란 바위들의 집합체 앞에서 가슴이 북받쳐 오르는 현상을 느끼면서 나는 그저 바라보고 있었다. 그러나 바위는 묵묵하였다.

어느 시인이 말했던가. '무명 무실 무감한 님.'이라고. 바위는 무명 무실 무감하였다.

바위는 자신을 함부로 드러내지 않고 젖은 몸을 웅숭그리며 낮게 앉아 있었다. 바위는 적막하였지만, 냉정하지 않았다. 그리고 충만하였다.

비금도와 다리로 연결된 도초도의 바닷가 횟집에 앉았다. 더도 덜도 아닌 그만큼의 안개비는 저 멀리서부터 바다와 산을 조금씩 야금거리며 잠식해 오더니 바다와 하늘의 경계를 무너뜨리고 비루한 풍경을 한 살로 섞어버리고 말았다. 우리는 막무가내로 풀어진 채, 하늘과 바다와 안개를 보고 있었다. 하늘과 바다와 안개는 뒤섞여 막연히 뿌연 빛으로 우리를 휘감고 있을 뿐이었다. 그것은 나에게 막막한 느낌을 갖게 했다.

섬에 도착한 후 종일 어디를 가든 사람 꼴을 통 보지 못한 우리는 횟집에 가서야 섬사람과 만날 수 있었다. 바다와 맞닿은 선술집 같은 횟집 주인은 인심이 후했다. 좀 쌀쌀해진 기후에 딱 맞는 따끈한 부침개를 가져와 한 잔의 권주로 이런저런 사는 얘기를 늘어놓았다. 육지로 유학 보낸 자식자랑이며, 염전에서 걷어낸 질 좋은 소금으로 인해 흥청거렸던 옛 영화에 대한 얘기며, 섬의 올라버린 땅값이랑 주절주절 늘어놓았다. 잘 살든 못 살든 늘 육지로 옮겨 앉고 싶은 그에게 육지는 신화의 땅인 듯싶었다.

나에게 신화의 땅은 어디일까.

신화의 땅은 존재하기나 할까.

그 섬에는 명사십리의 밀가루같이 고운 모래사장과 연인들의 사랑이 이루어진다는 하트 모양의 해변과 '무명 무실 무감한 님' 같은 바위가 있었다. 그리고 그 섬에는 사람이 살고 있었다.

열흘간의 가출

"나, 가출할래."

"응."

남편은 별일도 아니라는 듯 놀라지도 않고 무심히 대답했다.

"돈을 줘야 나가지."

싸운 것도 아니고 묵비권도 행사하지 않았는데 남편은 아무래도 내 심사를 짐작했는지 순순히 그러라고 하는 것이다.

아이들을 어머니한테 맡기고 남편한테 가출비용까지 두둑히 받아들고 집을 나서니 세상 부러울 게 없었다. 버스 터미널에 가서 안내판에 쓰인 행선지를 바라보며 어디로 가든지 집만 아니면 거기가 천국일 것 같았다.

"해방이다."

난 그동안 감옥에 갇혀 있었구나. 초여름 공기가 시원하고 달콤했다.

안어른 없는 집안의 장남 며느리 노릇도 지겹고 두 아이 엄마노릇도 힘에 겨워 숨 넘어 갈 지경이었다. 더구나 잔정 없고 무심한 남편이 원망스러워지더니 점점 꼴도 보기 싫어졌다. 보기 싫은 사람 아침저녁으로 얼굴 대하며 죄 짓느니 차라리 가출선언을 하고 당당히 행동에 옮기는 게 현명한 짓이라고 호기를 부린 것이다.

정읍으로 향하였다. 지금은 누군지도 잘 기억이 나지 않는 친구와 커피숍에서 한참이나 수다를 떨다가 늦은 밤에야 이모 댁엘 갔다.

유난히 얌전하고 음식솜씨 좋은 이모는 풀을 먹여 빳빳한 홑이불을 펴주며 아무 말씀이 없으셨다. 다음날 이른 아침, 냉장고를 다 털었는지, 임금님 수라상 같은 밥상을 차리셨다. 많이 먹으라며 이것저것 챙겨주시던 이모는 이모부 출근하시고 난 다음, 내 앞에 좌정하더니 애기 엄마가 이게 무슨 짓이냐며 다짜고짜 집에 가라고 달래신다. 엄마한테 허락 받고 왔대도 막무가내시다. 할 수 없이 이모 댁을 나왔지만 지옥 같은 집을 다시 들어가겠는가.

책을 열댓 권 사가지고 어느 산사 옆 일본식 기와집으로 된 여관에 들어갔다. 젊은 여인네가 머물기 썩 괜찮은, 한적하고 가정집 같은 느낌의 여관이었다. 산사로 가는 숲길이 내려다

보이는 이층 방에서 하루 종일 뒹굴며 책을 읽었고 저녁나절 선선해지면 산사 주변을 어슬렁거리며 걸어 다녔다. 해거름에 그늘진 숲길의 산책이라니, 좋았다. 아무도 내게 시비를 걸지 않았고 아무도 내게 아무것도 요구하지 않았다. 먹고 싶으면 먹고 자고 싶으면 아무 때나 잤다.

아! 완벽한 자유. 이게 얼마만의 휴식이며, 얼마나 해보고 싶던 일인가. 내가 원한 건 대단한 자아실현이 아니고 겨우 이런 것이거늘, 아이들 걱정도 안 되고 남편은 더구나 생각도 나지 않았다.

입장곤란하면 모르는 체하고 친구나 후배의 어려운 사정은 어떻게 하든 해결하려 애쓰면서 자기 아내 마음 하나 헤아려주지 않는 남편, 하는 짓마다 맘에 들지 않는 남편이 보기 싫어 이대로 끝내 보고 싶지 않으면 안 들어갈 작정이었다.

그러나 참으로 종잡을 수 없는 게 사람의 마음이다. 집 나와 7일쯤 되었을까. 무슨 조홧속인지, 꼴도 보기 싫은 남편이 내게 잘해준 일이 하나씩 생각나는 것이었다. 잘해준 일이 점점 생각이 나다 못해 9일째 되던 날은 보고 싶기까지 했다. 내가 나를 모를 일이다. 책도 눈에 안 들어오고 잠도 오지 않고 밥맛도 없었다. 그저 집에만 가고 싶어진 것이다. 그래도 있는 대로 호기를 부리고 감행한 가출인데 열흘이라도 채워야지 싶어 하룻밤을 더 지내는데 그야말로 일각이 여삼추였다.

열흘째 되던 날, 읽던 책도 여관방에 놔두고 중간 기착지인

정읍으로 나와 집에 전화를 걸었다.

"나야."

"응."

"나, 집에 가려고……."

"어서 와."

남편의 음성은 참 다습고 다정했다.

전화를 끝내자마자, 오후 기차표를 사고 남은 시간에 안절부절, 그러나 들뜬 마음으로 정읍역과 버스터미널을 오가며 시간을 보냈던 기억이 난다.

아이들을 찾으러 간 내게 엄마는 틀림없이 이모 전화를 받았을 텐데도 아무 말씀도 하지 않고 태평하게 손자들과 요란한 작별을 하셨다.

그 후로 천방지축, 어디로 튈지 모르는 내가 얌전히 자식들 키우고 남편과 별일 없이 살아온 걸 보면 열흘간의 가출이 내게 막힐 듯싶은 숨통을 터줬을 뿐 아니라 어떤 교훈을 심어주었을지도 모른다.

사람의 신념이란 도무지 믿을 게 못된다. 언제든지 바뀔 수 있는 게 신념이다.

단언하건대, 그때 가출을 하지 않았다면 어떤 식으로든 지금처럼 살지는 못했을 것이고 남편은 그걸 잘 알기에 꽤 많은 가출비용을 대면서까지 내가 하고 싶어 하는 대로 내버려 두었는지도 모른다.

자식들이나 조카들이 웬만한 일을 저질러도 별로 놀라지도, 걱정되지도 않는 것은 내가 너그럽고 지혜로워서가 아니라 젊은 날에 별짓을 다해보았기에 가능한 일일 것이다. 그 별짓에 제동을 걸지 않고 그냥 넘어가준 부모님과 남편의 덕이 아닐 수 없다.

열흘간의 행적을 지금껏 한 번도 물어보지 않는 남편. 날고 뛰어도 남편의 수를 넘어서본 적이 없다. 남편은 확실히 고수다.

가을, 그 절정의 미학

"미쳐브러."

채 흥분이 가시지 않았는지, 양 선생이 사투리까지 쓰면서 위봉사 단풍이 절정이란다. 갑자기 회식자리는 절정의 가을 이야기로 수런거렸고 양 선생은 당장 내일 봐야 된다고 채근이다. 너도나도 가겠다고 시끌덤벙했지만 사람들은 사정도 많다.

이튿날 오전 열 시, 싱겁게 J 선생과 단둘이서 느긋한 마음으로 차를 몰았다.

복잡한 도시의 거리를 지나면서 자식들의 진학문제와 그 애들의 담임선생님을 찾아갔을 때의 괜한 죄스러움과 떨떠름함 같은 기분에 대한 얘기들을 나누었다. 아무리 건조해진 감성일지라도 작정하고 나선 하루 동안의 가을여행길에 마음이 좀 들뜬 듯했다. 일상의 잡다한 얘기를 시끄럽게 떠벌리는 동안 차는 대아호를 바라보며 경사가 완만한 커브길을 천천히 돌아나갔다.

저녁녘 대아호 저수지는 역광을 받아 물가에 서 있는 산들이 호면에 그림자를 드리우고 있었다. 가끔 야단스럽지 않은 바람이 쓸쓸한 풍광 위로 일렁거리고 물가엔 새 한 마리도 없이 고요했다.

"참 좋구나."

아침나절에 보아도 역광의 방향만 달라졌을 뿐, 동상의 가을은 여전히 유난스럽지 않고 화려하지 않으면서 산 위의 스카이라인이 아련한 실루엣을 만들어내고 있다. 마치 오십대의 기품있는 여인네의 품성을 닮은 듯하다. 우리는 굽이굽이 물길을 따라 들어가다가 운일암반일암 쪽으로 꺾어 달렸다.

고개 하나 사이로 단풍은 완연히 달랐다. 동상의 가을이 인생의 쓴맛 단맛을 어지간히 맛보고 난 다음의 일종의 달관함에서 오는 차분한 모습이라면 고개 너머의 풍경은 이제 막 정염에 불타오르는 열정, 그것이었다. 상록수 사이로 점점이 박혀 있는 활엽들은 저마다 제 이름에 걸맞은 제 빛깔을 찬연히 뽐내고 있었다. 마치 19세기 유럽의 인상파 그림처럼.

얼마나 우려냈을까. 봄의 연하디연한 연둣빛 잎사귀가 진초록, 검푸른 색으로 변신을 거듭하면서 여름날의 폭염과 태풍의 비바람과 천둥소리를 견디며 상처받고 할퀴고 뒤집히고 죽을 듯 다시 살아나면서 익혀온 인고의 색깔이다. 바람과 햇볕과 이슬을 받아먹으며 익을 대로 익은, 우려낼 대로 우려낸 조선 여인의 가슴속 같은 색깔이다. 젊은 날의 수치와 고난을 견뎌 내고 허물을 벗어버린 자의 넉넉한 빛깔이다.

그때, 그 시간의 운일암반일암은 기암괴석의 남성미와 계곡의 맑은 물위에 비치는, 마침내 다 이루어낸 단풍의 여성미로 인하여 하나의 '완성'을 이루고 있었다.

완성. 이 땅에 완성의 실체가 흔할까마는 나는 '완성'이라는 단어를 떠올리고 있었다. 살아가면서 이러한 가을을 만나는 일이 몇 번이나 있을까. 인생의 가을에 서 있는 내 생애의 흔적은 어떤 색깔의 잎사귀일까.

지나가버린 내 생의 여름날, 내게 지워졌던 질곡의 덩어리를 과연 열심히 견뎌내고 극복해냈던 것일까. 혹 무책임하게 회피한 적은 없는가. 표현할 수 없는 마음을 담은 채 양 선생이 미쳐버리게 좋다던 위봉폭포를 아껴두고 내친김에 육십령 고개를 넘어 안의계곡 쪽으로 방향을 잡았다.

어느 누가 그렇게 시적인 이름을 지어 불렀는가. 달을 희롱한다는 농월정, 달 밝은 밤에 이곳, 넓디넓은 바위에 앉아 옛 시인처럼 달빛 휘감고 놀아보면 흥이 나겠다.

바위 좋고 경치 좋은 자리에 세워진 서너 곳의 정자마다 올라 바람을 만나고 쪽빛 하늘을 만나고 살살거리는 옥수의 이야기를 들었다.

평일이라서 그런지, 여름날 피서객으로 몸살을 앓았을 계곡이 맘껏 휴식을 취하고 있다. 어쩌다 사진작가나 데이트를 즐기는 남녀가 두엇 거닐고 있을 뿐. 계곡은 참으로 고요했다. 우리도 점점 말을 잃은 채 각자의 사념에 빠져 있곤 했다.

어느새 용추폭포에 닿았다. 우리는 아예 말을 잃은 채 오염되지 않고 순하게 물든 활엽수들 사이로 난 조그마한 길을 천천히 걸어 올라갔다. 어쩌면 이렇게 처연하도록 아름다울까. 어쩌면 이렇게 나는 아름답다는 걸 느낄 수가 있는 걸까. 가을의 절정에 서서 아름다움을 느낄 수 있다는 사실이 처음에는 황홀했다. 그리고 다음에는 고마웠다.

날빛이 점점 스러지자 기온이 약간 내려갔다.

폭포를 끼고 돌아 작은 절집을 지나, 떡갈나무 숲속의 도토리가 떨어진 길을 걸어, 왔던 길을 다시 돌아가기 시작했다. 돌아오는 길가 풀숲 속에 숨어있듯 피어있는 들꽃을 바라보면서 나는 조금씩 쓸쓸해지기 시작했다. 그러다가 이유를 알 수 없는 슬픔이 몰려와 조금씩 서러워지기 시작했다.

구릉이 완만한 산기슭에 모여 앉은 시골마을이 편안하게 엎드려 있고 어느 집에서 쇠죽이라도 끓이는지 저녁연기가 안개처럼 마을을 싸고돌아 추수 끝난 논바닥으로 길게 깔리고 있었다. 옆자리의 J 선생이 설풋 잠이 들어 쌔근거리는 숨소리만 조용히 들리고 있을 뿐, 내 마음에서 점점 현실감이 사라지고 있었다.

넘어가는 해를 바라보며 한적한 시골길을 달려가는데 날은 점점 어두워지고 막연히 이승이 아닌 것 같은 느낌이 나를 마치 꿈결인 양 착각에 빠지게 하였다. 소리 없이 눈물을 흘리면서 돌아오는 길이 참으로 감미로웠다.

참으로 아름다워 서러웠던 그해 가을 이후로 다시 몇 번의 가을이 지나갔다. 그리고 지금 또 가을의 한복판에 서 있다. 이 가을에는 무엇을 느낄 수 있을 것인가. 덧없이 또 한 번의 가을이 내 인생에서 지나가고 있는데….

겨울의 압록에 가보았는가

이번 겨울에는 꼭 섬진강엘 가보고 싶었다.

차일피일 시간만 보내다가 작정을 하고 떠난 토요일 늦은 오후, 전주를 벗어나 남원을 향해가면서부터 내 몸에 바람기가 스멀거리며 마치 스펀지가 물기를 머금듯이 조금씩 채워지기 시작했다. 차창 밖의 겨울풍경이 조금도 남루해 보이지 않기 때문이었을까.

일몰이 몇 시간 남지 않았지만 서둘러 돌아올 필요가 없으므로 나는 참으로 느긋하고 자유로웠다.

곡성으로 접어든 도로는 그늘진 곳마다 빙판이어서 조심스러웠지만 적당한 속도로 차를 몰았다. 섬진강 지류를 따라 난 길을 한참 달리다가 압록의 한 자락에 서니 잔설이 깔린 산허리를 바람이 빠른 속도로 휘감아 돌고 있었다. 세상의 바람이란 바람은 모조리 이곳으로 와서 짐승처럼 큰 소리로 울부짖고 있었다. 이가 딱딱 부딪칠 정도로 몹시 추웠지만 정신이 번쩍 드는 게 기분이 여간 상쾌하고 맑을 수가 없다.

내 안의 온갖 더러운 찌꺼기를 훑어가라고 어린아이처럼 소리를 질러댔다. 그날 그렇게 나는 너절한 속기를 벗어버리기 시작했다. 독주 한 잔으로 추위를 잊은 사람마냥, 바람에 홀렸던가, 한참을 어슬렁거리며 바람을 맞고 걸어다녔다. 섬진강이 살얼음 속에서 속살을 내비치며 낮게 소곤거리며 흘러가고 있었다.

그날의 백미는 드문드문 눈발이 잦아드는 해거름 녘, 산그늘 진 태안사 마당가에 두어 가지 피어있는 백매, 그 고운 자태였다. 뿌연 하늘에 희미한 낮달이 걸려 있고 인적 없는 절집의 고즈넉한 마당에 풍경 소리와 함께 저녁연기가 낮게 깔리고 있었다. 옅은 미색의 막 피어오르는 설중매의 꽃봉오리가 너무나 애잔하여 눈물이 났다.

압록의 강기슭에서의 유난스런 바람맞이는 고즈넉한 산사의 품격을 한층 높이기 위한 전조였는지, 산사는 사나운 바람마저 돌아앉게 만들었나 보다.

바람에 흩뿌리는 눈발이나 저녁연기가 마치 붙박이 흑백사진처럼 움직이지 않고 그대로 있는 것같이 느껴지는 그날의 산사 풍경 중에서 없어도 좋을 소품은 바로 '나'였다. 꿈처럼 느껴지는 그날의 '그때 그 자리'를 내가 있어 더럽혀지는 듯이 생각되었던 것이다.

우리의 생애에 있어서 어떤 사람과의 만남이 운명적이듯이 한 권의 책을 읽는 일도 운명의 만남이라고 믿는다. 음악이나 그림, 한 편의 연극과의 만남도 마찬가지일 터. 누군들 전율을 느끼며 한 밤을 꼬박 새워 책을 읽었던 기억이 없겠으며 슬프도록 아름다운 선율에 영혼을 맡겨보지 않았겠는가.

사춘기 때 선생님 몰래 봤던 영화의 몇 장면이 내 감성의 자양분이 되었지 않은가.

초등학교 4,5학년 무렵, 폐렴에 걸려 목숨이 위험했던 동생을 살려주신 의사 선생님께 수를 놓은 방석과 감사편지를 보내드렸더니 그 선생님께서 답장과 세계명화전집을 보내주셨다. 그 책에서 서양의 그림들을 보며 나는 상상의 나래를 맘껏 펼치며 시간 가는 줄 모르고 그림에 빠져들곤 했다.

그렇게 오래전, 인쇄가 부실한 명화집에서만 보았던 유럽 미술계의 거장들, 세잔느에서부터 샤갈, 칸딘스키, 잭슨 폴록에 이르기까지의 원화들을 운 좋게 볼 기회가 있었다. 그때 그 가슴 설레며 황홀하던 순간을 잊지 못한다. 모딜리아니의 목이 긴 여인의 신비스러운 파란 눈을 하염없이 바라보면서 얼마나 행복했는지 모른다.

어떤 힘에 의해 운명처럼 만나졌다고 믿어지는 이러한 만남은 느낌의 색깔은 다르지만 나를 격조 높은 황홀경의 바다에 빠지게 한다. 그렇다 해도 이러한 운명적 만남이란 종당에는 어쩔 수 없이 우리로 하여금 순도 높은 고통을 맛보게 한다. 고통을 드러내거나 그 안에 몰입하는 것이 예술이라고 한다면 그날의 눈물 나던 매화는 나에게 예술이었을까.

물론 고통 속에 몰입하는 것이 예술이라고 치부해버리는 것은 졸렬하다. 그러나 지순한 고통 속에 깊이 천착하여 그 고통을 극복해나가는 것이 사람 사는 일이며 또한 예술의 길이 아닐까.

그렇다면 눈발 날리던 그날의 풍경 속에서 아무 짝에도 쓸모없이 느껴지던 내 존재는 매화를 보며 흘렸던 눈물 한 방울로 인하여 비로소 드러났다고 할 수 있을 것이다.

자연이 주는 절묘한 예술미 속에 사람이 존재함으로 인하여, 즉 '나'로 인하여 그 그림은 완성되었던 것이다.

유년의 기억

내가 태어난 해의 동짓달이었다. 연년생으로 터를 판 탓에 모유를 못 얻어먹고 영양실조에 걸려 죽은 듯이 누워있는 나를 두고 동네 아주머니들이 '섣달이 둘이라도 못 살겠다.'고 수군거렸단다. 어렵사리 구한 우유를 아무리 먹이려 해도 도무지 먹지 않고 애를 태우던 나를 어머니는 외가에 데려가 큰외숙모의 젖을 물려 겨우 살려냈다고 했다.

그래서 그런지 외숙모가 엄마같이 좋았다. 방학만 하면 부리나케 외가로 내달았다. 외갓집은 번듯한 기와집이었지만 외할아버지가 세상 뜨신 후, 가세가 기울어서였는지 몰라도 퇴락한 집은 어쩐지 쓸쓸한 정감을 풍겼다.

나는 줄곧 소도시에서 살았다. 삭막한 풍경 속에서 딱히 고향이라고 느낄 만할 정서적 여유를 갖지 못했으므로 외가가 있는 시골이 좋았다. 여름엔 냇가에서 다슬기를 잡다가 멱을 감기도 하고 겨울이면 토끼 몰이하는 삼촌을 따라 하얀 눈 덮인 동네 뒷산기슭을 쏘다니기도 했다. 시골의 산과 들, 그것들이 풍기는 냄새, 공기, 따끈한 온돌을 좋아하지만 평생을 여전히 삭막한 콘크리트 벽에 갇혀 살아야만 했다.

그나마 유년의 기억이 꺼칠하거나 남루해지지 않을 수 있는 것은 시골에 있던 외가와 이모네를 들락거리며 사촌들과 쏘다니며 보고 느끼며 뒹굴던 들녘풍경들이 내 안에 있기 때문일 것이다. 동네 입구에 있던 엄청나게 커다란 바윗돌(동네사람들은 그 위에 고추나 빨래를 펴 말렸다.), 어두운 그림자를 드리우던 정자나무, 하얀 모래가 햇빛에 반짝거리던 맑고 너른 냇가가 지금도 내 눈에 선하다.

맵싸한 겨울을 보내고 난 2월 하순 경, 들녘의 새벽 공기는 아직 쌉쌀했지만 상큼하였다. 늦잠꾸러기인 나는 어쩌다 일찍 눈이 떠질 때면 일 없이 논길을 걸었다. 머리가 맑고 개운했다. 부지런한 농부는 벌써부터 논에 나와 지난 추수 끝의 어지럽혀진 논을 정리하고 해충을 없애기 위해 불을 놓아 묵은 짚을 태웠다. 무성영화처럼 조용히, 하얀 연기가 바람의 방향을 따라 낮게 깔리고 알싸한 냄새가 땅을 적시며 퍼져나갔다. 아! 그 아련한 짚불 타는 냄새. 이 모든 풍경이 고요하고 맑은 흑백사진처럼 기억되어진다. 어젠 듯 느껴진다.

논바닥은 태워지고 말끔하게 갈아엎어졌다, 벼를 품기 위해. 물이 찰랑찰랑 채워지고 어린 모 사이로 우렁과 개구리가 같이 살았다.

새 생명은 그리 품어 키워지고 그렇게 생산된 쌀은 사람을 키웠다.

태워지고 갈아엎어지지 않고 품어지는 생명이 어찌 있으리.

당신 자식 밀쳐내고 죽어가는 젖먹이 어린 것을 몇 달씩 품어 안아 살려낸 나의 외숙모. 나는 다 커서도 외롭고 아프면 외숙모를 찾았다. 뜨듯한 부뚜막에 앉아 외숙모가 끓여주는 김칫국밥을 먹고 나면 몸도 마음도 풀렸다.

실로 오랜만에 외숙모가 전화를 하셨다. 별로 멀지 않은 곳에 계시는데도 작년에 찾아뵙고는 처음이다. 한동안 그 어른을 잊고 있었다. 참 무심하기도 하지.

친척들의 이런 저런 소식들을 전해들으며 참 따스해졌다. 알싸한 연기 냄새를 맡으며 좋았던 유년의 기억처럼.

이스탄불의 선물

여행, 그 달뜨게 하는

꿈결엔 듯 노래 가락 같기도 하고 타령 같기도 한 남자의 알아들을 수 없이 길게 늘어지는 소리에 눈을 떴다. 어슴푸레한 하늘에 청아한 목소리가 울려 퍼진다.

이게 무슨 소리지? 아! 나는 한참만에야 어렴풋이 어제 이스탄불에 온 게 생각났다. 신을 부르는 이슬람의 아잔 소리가 새벽잠을 깨웠던 것이다. 뜻은 모르지만 곡조가 절절하다.

딸이 깰세라 가만가만 문을 열고 테라스로 나갔다. 여명이 밝아오는 청회색 하늘이 넓고 쌀쌀한 공기는 시원하고 맑다. 바다 건너 아시아 땅이라는 육지가 보이고 갈매기가 끼룩거리며 바로 코앞에 있는 지붕에 날아와 앉아 알은체를 한다.

아! 이스탄불. 아시아의 끝이고 유럽의 시작이며, 기독교와 이슬람이 혼재하는, 1600년간이나 비잔틴 제국과 오스만 제국의 수도였던 이스탄불. 신과 인간과 자연과 예술이 한데 어우러져 동·서·고·금의 문화가 공존하는, 한두 마디로는 도저히 설명할 수 없는 도시, 그곳에 내가 왔다.

꿈은 화려하고 현실은 그저 남루하기만 했다. 그런데 현실이 꿈과 일치하다니, 그야말로 꿈만 같다. 늘 해야만 하는 일들로 복작대던 일상으로부터의 탈출이다. 지금부터 일주일, 해야 할 일은 없고 하고 싶은 짓만 할 수가 있다니, 좋다.

지난 수요일이었다. 바빠서 전화도 잘 안 하는 아이가 문자를 보내왔다. 다음 주가 지난여름에 미뤄둔 휴가기간인 줄 방금에야 알았다며 여행 가자는 것이다.

여행? 여행! 3일 후에 여행? 생각만 해도 흥분되지만 도저히 갈 형편이 못돼 망설이는데 채근하는 문자가 계속 들어온다.

그래, 까짓것, 가자. 가자. 일주일쯤 내가 이 땅에서 사라진다고 무슨 큰일이야 생기겠는가.

밤에 비행기표 예약했다고 문자가 오더니 우산 챙겨라, 기온이 여기와 같으니 입던 옷 그대로 가져가면 된다는 등 계속해서 문자를 보낸다. 목요일과 금요일 내내 다음 주에 할 일 중에 할 수 있는 일은 미리 처리하고 미룰 수 있는 일은 그 다음 주로 미루느라 제법 분주했지만 이미 마음은 들떴다. 토요일 강의를 끝내고 장을 잔뜩 봐 와 풀어놓으니 오밤중이다.

자정이 지나도록 반찬을 만들어 냉장고를 채워놓고 짐을 싸 인천공항 행 버스를 타니 벌써부터 피곤이 몰려와 몸은 천근만근인데도 정신은 말짱하다.

이 무슨 느닷없는 사건인가. 아들이 유학을 시작한 후에 내 휴가는 없었다. 휴가는커녕 어느 하룬들 느슨해 본 적이 없었다. 행여 유학자금을 대줄 수 없을까봐 살얼음판을 걷는 것처럼 조마조마했다. 휴가를 즐긴다고, 여행을 다닌다고 공부를 시키지 못할 바는 아니겠지만 기도하는 마음으로 조심하였던 것이다.

이스탄불까지 12시간의 비행은 전혀 지루하지 않았다. 기내식은 맛있었고 딸과 마시는 와인도 좋았다. 도착한 후 예약해 둔 호텔에 짐을 풀고 나니 오후 4시쯤, 나가자, 우리가 있는 곳이 어느 곳인지 슬슬 탐색하고 싶어졌다. 가벼운 옷을 입고 호텔 문을 열고 나가자마자 웬만하면 호들갑을 떨지 않는 나는 감탄사를 연발하기 시작했다.

"꿈에 그리던 곳이야."

돌을 모자이크처럼 깔아 무늬를 그리고 있는 오래된 길을 따라 골목 양쪽에 노천카페가 자리하고 있다. 좀 더 걸어가니 성벽이 가로막고 서 있어 성벽을 따라 반원을 그리며 나아가니 광장이 나타나고 회색빛 돔이 보였다. 그 유명한 블루모스크다.

원래 이름은 술탄 아흐메드 모스크로 537년에 세워진 아야 소피아 성당을 능가해 짓고 싶은 아흐메드 1세에 의해 1616년에 만들어졌는데 사원 안의 벽면을 장식한 푸른빛의 도자기 타일 때문에 블루모스크라는 애칭으로 더 유명해졌다.

블루모스크와 붉은색의 아야 소피아는 분수대를 가운데 두고 서로 마주 보고 있어서 천년의 간극을 뛰어넘어 400여 년이 지난 지금, 나에게 표현할 길 없는 아름다운 감동을 준다. 가을의 양광을 받으며 옛날의 사연을 짐작하며 그들이 만든 길을 걷고 있는 나는 누구이며 어디로 가는 것일까.

광장을 느리게 걷고 있는 동안 짧은 가을 해는 지고 조명을 받고 서 있는 블루모스크의 모습이 노란빛으로 환하다. 어찌 그냥 아름답다고만 말할 수 있겠는가. 환상적인 모습에 자꾸만 꿈을 꾸고 있는 것처럼 현실감이 없어졌다.

월요일, 유적지의 박물관이 문 닫는 날이다. 우리는 수다를 떨다가 느지막하게 나갈 채비를 하고 마치 우리 동네인 양 여기저기를 기웃거리며 어슬렁거렸다. 진분홍빛 꽃이 잎사귀 위로 넝쿨째 줄줄이 피어 건물 위로 부케처럼 늘어진 이름 모를 나무가 호텔 옆 하얀 건물에 기대어 이국적인 풍광을 만들어낸다. 추운 몸을 녹이는 따끈한 차이(터키식 홍차)를 마시며 탁자 위에 하얀 천이 정갈하게 깔려있는 카페에 앉아있으려니 참으로 한가하다.

아, 데자뷰! 몇 년 전에 썼던 「능금이 익을 무렵」이라는 수필의 한 대목이 떠오른다.

어깨의 짐을 내려놓고 전혀 계획 없이 떠나보길 희망한다. 계획하지 않고 되는 대로 떠나는 여행. 낯선 이국의 소슬한 뒷골목을 거니는 상상을 한다. 미로처럼 얽혀있는 소로를 걷다가 지치면 길가 한적한 시골찻집에 들러도 좋으리라. 오래된 목조건물에 삐걱거리는 마루라면 더욱 좋겠지. 향 좋은 차 한 잔 앞에 놓고 앉아서 알아들을 수 없는 나직한 말소리를 들으면서, 그들의 표정과 손짓을 보면서, 인생이 얼마나 아름다운 것인지를 느끼게 될지도 모를 일이다.

이 글을 쓸 때만 해도 이러한 소망이 이렇게 현실로 다가오리라는 생각은 하지 못했다. 마치 글을 읽은 누군가가 내 꿈을 이루어주려고 일을 꾸민 것 같다.

내일은 또 어떤 일, 어떤 것을 보며 꿈을 꾸게 해주려는지 딸아이는 아까부터 열심히 검색을 하고 있는데 나는 오늘 본 블루모스크와 아야 소피아에 대한 설명을 읽고 있다. 읽다가 졸리면 스르르 잘 것이다.

이루어지지 않는 사랑은 예술을 낳는다

여행 3일째, 8대 불가사의 건축물 중의 하나라는 아야 소피아 성당으로 발걸음을 옮겼다. 비잔틴 건축의 상징이자 최대 규모인 아야 소피아가 1500여 년이나 지진에 무너지지 않고 튼실하게 서 있는 것도 불가사의한 일이지만 기둥 하나 없이 그 큰 돔(직경 32.5 m)을 지탱하고 있다는 점이 기이하다는 것이다. 지혜라는 뜻을 지닌 아야 소피아는 916년 동안은 성당으로, 481년 동안은 이슬람 사원으로 사용되다가 1934년부터 박물관으로 바뀌었다고 한다.

TV 여행 프로그램에서 여러 차례 본 내부의 돔과 곳곳에 걸려있는 성화를 보기도 하고 소망의 기둥 구멍에 엄지손가락을 넣고 한 바퀴 돌리면서 소원을 빌며 천사의 약속을 믿어본다. 이층의 벽화 중에는 콘스탄티누스 9세와 황후 조에가 예수에게 헌금을 봉헌하는 장면이 있다. 재미있는 것은 황후 조에는 세 명의 남편이 있었는데 콘스탄티누스 9세 자리에 첫 번째 남편의 모자이크가 있었고 그가 죽자 그 모자이크에 두 번째 남편이 들어가게 되었는데 그도 죽자 세 번째 남편인 콘스탄티누스 9세가 그 자리를 차지하게 되었다. 그러니 첫 번째 남편의 몸에 얼굴만 세 번째 남편의 얼굴이 있는 것이다.

딸은 이스탄불에 관한 책을 던져주더니 심심하면 물어본다.

"아야 소피아를 지은 사람은?"

"유스티아…, 아니 유스티니아누스 황제."

여행 4일째, 딸은 9시부터 오후 4시까지 하는 현지투어를 하기로 한 것 같다. 아침 7시, 오늘도 호텔 식당은 우리가 첫손님이다. 딸아이는 접시에 또 계란 스크램블을 수북이 담아온다. 어릴 적 길들여졌던 입맛을 극복하기 어려운 것 같아 미안한 마음이 상처로 다가온다. 밥을 먹여놓고 작업실에 나가야 하니 아이들한테 미안한 일이지만 빨리 할 수 있는 반찬을 해야만 했다. 뭐든지 가리지 않고 잘 먹어주던 아이들한테 반찬이 마땅찮으면 해먹였던 게 내 식의 스크램블이었다. 갖은 야채를 다져 넣고 계란에 우유나 물을 약간 섞어 젓가락으로 재빨리 저으며 익힌 계란탕에 밥을 비벼주면 잘 먹었던 기억이 새삼스럽다. 아이들이 다 자란 후에는 한 번도 해본 적이 없는 음식을 여행 와서 딸하고 실컷 먹어본다. 아이들도 어리고 나도 철없어 엄마노릇이 미숙했던 시절의 기억을 먹는다.

커피를 마시며 식당 테라스에 나가 나른하게 졸고 있는 고양이를 찍기도 하는 등 느긋한 아침시간을 보낸 후 히포드럼 광장을 지나 트램(터키의 지상철) 철로를 따라 한 정거장 정도의 거리에 있는 여행사를 찾아갔다.

현지투어를 하는 장점은 짧은 시간 내에 자세한 설명을 들으며 가장 유서 깊고 아름다운 유적을 볼 수 있는 것이랄 수 있겠다.

기독교도인 미켈란젤로가 존경해마지 않던 천재적인 이슬람인 건축가 미마르 시난을 만나러 보스포러스 해협을 건너 아시아 지구로 향했다.

예니체리 군단에 입대한 시난은 슐레이만 술탄의 눈에 띄어 평생 국가를 위한 건축물만 짓는다는 조건으로 건축가의 길을 걷게 되고 시장 병원 학교 등을 짓는다. 그러다가 20세 되던 해에 술탄의 딸 미흐리마 공주와 사랑에 빠지게 된다. 술탄은 공주를 위한 사원을 지으라고 명령하고 시난은 사랑하는 여인을 위해 바닷가에 아름다운 미흐리마 술탄 자미를 짓는다. 술탄은 시난의 천재적 재능과 진실한 마음에 감동하여 술탄 역시 아버지가 신분이 미천한 어머니와 결혼하였으므로 자기도 천한 사람의 아들이라며 공주와의 사랑을 허락한다. 그러나 공주가 어릴 때 결혼을 약속한 세력가 류스템 파샤의 협박에 못 이겨 하는 수 없이 정략결혼을 시킨다. 마음에도 없는 사람과 결혼한 공주는 미흐리마 술탄 자미가 잘 보이는 언덕에 올라 해가 질 때까지 자미를 내려다보고는 했다고 한다. 100세까지 살았던 시난은 평생 결혼하지 않고 독신으로 살면서 1300여 개의 건축물을 짓고 보수하는 데 일생을 바쳤다.

이웃 나라의 왕이 사랑하는 왕비의 무덤을 지어달라는 부탁을 했다. 조국의 공공건물만을 짓기로 한 술탄과의 약속 때문에 거절할 수밖에 없었지만 사랑하는 사람을 잃어버린 슬픔을 너무도 잘 알기에 시난은 제자의 이름으로 만든 설계도를 보냈다. 그 설계도대로 지어진 건물이 인도의 타지마할이라고 한다.

시난은 90세에 3년 동안이나 투병한 후에 공주를 위해 유럽 지구에 미흐리마 술탄 자미 하나를 더 짓는데 혼자 남은 자신을 상징하여 첨탑을 하나만 세운다. 천문학에도 능했던 시난은 공주의 생일인 3월 21일인 낮과 밤이 같아지는 춘분에 아시아지구 사원 첨탑 꼭대기에 지는 해가 걸리는 바로 그 시각에 유럽지구 모스크의 첨탑에 떠오르는 달이 걸리는 광경을 볼 수 있도록 만든 것이다. 만날 수 없는 해와 달, 평생을 사랑하는 사람과 같이할 수 없었던 미마르 시난.

시난은 공주의 죽은 남편을 위한 류스템 파샤 사원을 짓는다. 자신의 사랑을 무참히 무너뜨린 정적까지도 포용한 시난의 경지는 어디까지인가.

한 편의 슬프고 아름다운 드라마를 본 듯한 러브스토리였다. 이루어지지 않는 사랑은 예술을 낳고 예술은 사람의 마음을 정화한다. 가슴이 먹먹한 채 투어가 끝났다.

어미의 부실한 기억력을 염려하는지 딸은 묻고 또 묻는다. 갈라타 다리의 고등어 케밥을 먹으러 거리를 걸어가며, 터어키의 찰떡처럼 쫀득한 아이스크림을 먹으며, 야경을 보러 언덕을 오르며.

"모스크의 첨탑이 하나면?"

나는 의기양양하다. 첨탑이 하나면 개인이 기부해서 지은 거고 두 개면 왕족이, 세 개면 국가나 정부가, 네 개면 왕이 지은 거라고.

"그럼 블루모스크의 첨탑은 왜 여섯 개인데?"

아흐메드 1세는 아야 소피아보다 더 뛰어난 모스크를 짓고 싶어 첨탑을 금으로 만들라고 지시를 했는데 금이라는 말을 발음이 비슷한 여섯이라는 말로 잘못 들어 6개를 만들고는 첨탑이 4개인 아야 소피아보다 많게 하려고 했다고 둘러대 왕의 명령을 수행하지 않은 죄를 모면했다고 한다.

딸은 또 묻는다. “갈라타 탑에서 터키 최초로 하늘을 날아오른 사람의 이름은?”

“열 자나 되는 사람 이름을 어떻게 기억해?”

딸은 막무가내로 반복해 저절로 외워졌지만 나는 또 금방 잊어버린다.

“헤자르펜 아흐멧 첼레비.”

딸은 지치지도 않고 일러주고 나는 듣는 대로 잊어버렸는데 이 글을 쓰는 지금은 용케 기억난다. 머지않아 깨끗이 잊어버릴 것이지만 그 또한 아쉽지는 않을 것이다.

다시 떠날 수 있을 것이니

여행 마지막 날, 아침부터 비가 내린다. 거리의 깔린 돌도 젖고 세월의 더께가 얹힌 성벽도 젖고 모스크의 돔도 젖는다. 하늘과 거리는 온통 암회색으로 촉촉하다.

며칠째 돌아다녀 이제는 제법 낯익은 유적지를 계획 없이 걷다가 열린 문 사이로 옛 왕가의 무덤을 본다. 한때는 온갖 호사를 누리고 살았을 사람들. 천하를 호령했던들 그들이라고 인생의 고난이 없었을 것인가. 삶의 영욕을 뒤로 하고 이제는 이 작은 정원에 비석으로 서 있다. 줄이어 서 있는 비석들 위에 눈물처럼 빗물이 흘러내린다. 죽은 사람들은 비석으로 서 있고 나는 살아서 그들의 삶을 유추한다. 그렇게 삶과 죽음의 경계에 서서 생각한다. 어떻게 살아야 잘 사는 것인가를. 그러나 죽은 이는 말이 없다.

삶이 무거워질 때면 부모님 산소가 있는 교회의 부활공동묘지를 가고는 했다. 부모님이 주신 사랑과 헌신을 갚을 길 없어 눈물겨워지기도 하고 못 견디게 보고 싶어져 우두커니 서서 줄줄이 누워있는 봉분을 바라보고 있노라면 삶의 허망함이 온몸으로 스며들기도 했던 것이다. 또 언제부턴가 묘지를 돌며 묘비명과 생몰연대를 읽으며 그 묘지 주인의 생을 가늠해보는 버릇이 생겼다. 결국에는 땅으로 돌아가고 말 것을.

정녕 잘 사는 건 어떤 것인가. 어떻게 살아야 하는가. 미래를 살아본 적 없으니 생이란 늘 처음 겪는 일일 수밖에 없다. 순간의 결단이 기다리고 우리는 지체할 수도 없이 무모한 판단을 해야 한다. 작년의 생과 금년의 생이 다르고 어제의 시간과 오늘의 시간이 다르니 늘 더듬거리고 어렵지만 비 온 뒤에 무지개가 뜨기도 하니 그래도 살아볼 만하지 않은가.

이스탄불 어디를 가나 관광객들로 북적이더니만 비 오는 귤하네 공원은 오직 우리뿐, 거니는 사람 하나 없이 적막하다. 톱카프 궁전에 딸린 정원이었던 귤하네 공원은 바닷가의 성벽 안에 있어 키 큰 나무들이 들어찬 오솔길을 걷다보면 그 길 끝 바닷가에 차를 파는 노천카페가 있다. 맑은 날 바다를 보며 해풍을 맞으며 차 한 잔 마시면 풍광이 좋겠지만 우리는 비 젖은 탁자를 뒤로 하고 그냥 돌아서야만 했다.

왔던 길을 되돌아가는 건 싱겁다. 왼쪽으로 접어들어 아야 소피아 뒤쪽을 봐야겠다니 딸아이는 짓궂은 관광객이란다. 오르막길 옆 차고처럼 보이는 곳에 영혼이 자유로운 화가가 전시회를 하고 있다. 화가도 관람객도 없다. 어느새 비는 그치고 색감이 화려한 정크미술은 밝고 환해서 생동감이 느껴진다.

조금 더 오르니 키 큰 성벽에 기대 서있는 하얀 집들이 오밀조밀한 소품가게로, 조그만 호텔로, 도서관으로, 터키 식 레스토랑으로 제 몫만큼 예쁘다. 겨우 사람 하나 지나갈 만큼의 좁은 길이 나있기도 하고 좀 더 큰 길로 연결되어 우리는 오르락내리락하면서 이국적 정취를 즐겼다.

오래된 길을 걸으며 옛사람의 삶과 내 유년의 골목을 떠올려보기도 하고 어쩌면 내세의 삶터일지도 모른다는 생각이 들기도 하면서 맘껏 상상하고 몸으로 느끼기도 해보는 것이다. 길은 참으로 익숙하고 편안하고 아름다워서 언젠가, 혹 전생에서라도 걸어봤던 느낌이다. 역시 내 몸에는 보헤미안의 피가 흐르고 있나 보다.

호텔로 돌아오며 주변의 디자인 숍을 기웃거리니 붙임성 좋은 남자 주인이 느물거리는 웃음을 날리며 가게 안으로 끌어들여 서투른 영어로 상품을 설명하더니 내 손의 은반지를 보며 자기한테 팔고 가란다. 비행기 값이나 주면 몰라도 안 판다고 했더니 디자인이 마음에 든단다. 이스탄불의 남자는 너무 친절해서 느끼하고 마치 사기꾼처럼 수상한 웃음을 흐물흐물 날리는 바람에 통 믿을 수가 없다. 하지만 어떠랴. 피차에 엉터리 영어 구사하는 수준은 비슷해서 손해 볼 것도 없으니 수작에 적당히 맞장구치며 농치는 맛도 그럭저럭 괜찮았다.

놀이처럼 기분 좋은 윈도우쇼핑을 마치고 지붕을 덮은 노천카페에서 점심을 먹었다. 값도 적당하고 처음 먹어보는 터어키 음식 맛도 좋은 편이다. 친구 같은 딸과 먹는 음식인데 무얼 먹든 맛있지 않은 게 있으랴.

에미노뉴 선착장 뒤쪽에 있는 예니 모스크 옆에 있는 레스토랑의 총책임자는 자세가 꼿꼿하고 마른 노인이었는데 조용하고 깐깐하게 책임을 다하는 모습이 참 멋있어 보였다. 실토하자면 이제껏 사용해본 중에 가장 깨끗하고 편리한 화장실과 그를 만나러 그 집엘 한 번 더 찾아갔다.

머리가 허연 노인이 바이올린을 연주하는 노천카페에 앉아 와인을 마시며 딸은 드러내 보이지 않던 속내를 털어놓기도 하고 다음에 가고 싶은 곳을 물어보기도 하면서 하얀 이를 반짝이며 웃었다.

보스포러스 연안에 위치해 화려함의 극치를 이룬 유럽풍의 궁전, 오스만 제국이 국내외로 가장 어려운 시기에 건축되었으며 터키의 국부이자 초대 대통령 아타튀르크가 임종한 곳이기도 한 돌마바흐체 궁전과 영화 오리엔탈 특급열차의 기착지와 어마어마하게 넓고 없는 게 없다는 그랜드 바자르, 메두사의 머리가 거꾸로 박혀있는 지하궁전.

요 며칠 동안 보고 듣고 말하고 먹고 걸어 다닌 기억들, 오롯이 딸하고 나눴던 교감은 내 의식 밑바닥에 숨어 있다가 필요할 때마다 행복했던 순간으로 망막에 나타날지도 모른다. 그러면 나는 다시 새 힘을 얻어 씩씩하고 밝게 깨어나 걸어갈 것이다.

아쉽지만 이제는 돌아가야 할 시간, 의무는 없고 자유만 있었던 날들을 뒤로 하고 해야 할 일들이 기다리고 있는 내 나라로 가야 한다. 돌아갈 곳이 있다는 것은 얼마나 다행한 일인가. 다시 생각해보면 해야 할 일이 있다는 건 얼마나 좋은 일인가. 감사하고 감사하다. 머지않아 다시 떠날 수 있을 것이니.

집으로 돌아왔다. 다시 시시한 일상이 시작되었다. 밥하고 빨래하고 집을 나선다. 부재중에 어그러진 일을 겨우 주워 담고 내 몫의 걱정거리를 가슴에 달고 정신없이 또 일주일을 산다. 그리고 토요일 오후가 되면 몸은 천근만근 파김치가 된다. 그러나 나는 예전의 내가 아니다.

무채색의 꽃

단순해지고 싶다.
군더더기 모두 빼내고 원형질만 남는.
색을 걷어내고 또 걷어내면 남는 무채색 같은.
심연에 가라앉은 앙금 같은.
단순하고 담담하게.
기교를 버려라.
색을 버려라.
그저 마음의 울림대로, 붓을 가게 하라.

"무슨 꽃이지?"
"글쎄…그냥, 꽃."
"목화꽃?"

아, 목화.

마음 깊은 곳에 따스한 촛불 하나가 밝혀진다.

어릴 적 이종 오빠들이랑 갔던가, 마전 천변 어딘가에 목화밭이 있었다. 꽃이랄 수도 없는 조그만 솜뭉치가, 말라서 바삭거릴 것 같은 갈색의 꽃받침 위에 마치 크리스마스트리의 눈송이 솜처럼 얹혀 있었다. 몇 송이 땄던가. 꿈결처럼 아득하다.

그때, 처음 보는 목화가 신기해 가시에 찔리는 줄도 모르고 망아지처럼 뛰어다니며 종알대던 계집아이는 어디로 가고 복잡하고 찌든 일상으로 군살이 덕지덕지 붙고 탄력을 잃은 중년이 되어버렸다.

꿈결처럼 아득한 그때가 그리워지는 건, 그때의 목화밭이 깨끗하고 맑게 느껴지는 건 천진하고 꾸밈없던 때로 돌아가고 싶어서인가. 이제 그만 구질구질하고 어지러운 것들을 걷어내야겠다.

맑고 깨끗하게, 단순해지자.

원형질만 남게.

무채색이 되게.

■ 연보

1951년　전북 전주에서 아버지 박승우와 어머니 이정례의 1남 4녀중 장녀로 태어나다.

1957년　전주초등학교 입학, 3학년 초 익산 이리초등학교로 전학

1963년 - 68년 이리 남성여중고 입학과 졸업 홍석영, 이기반, 손광성, 전신재 선생께 국어교육을 받다.

1969년　전북대학교 공과대학 섬유공학과 입학
재학 중에 백일장대회에서 신문부 장원을 한 적이 있다.

1974년　홍익대학교 산업미술대학원 직물대자인학과 입학, 1년 수료 후 휴학

1989년　제1회 한국화 개인전(익산)

1994년 - 97년 전북대학교 교육대학원(미술교육 전공) 입학과 졸업

1995년　전북일보에 〈오늘을 생각하며〉 연재

1998년　≪에세이문학≫ 표지그림 연재

1999년　박연구, 임억규 선생 채근으로 ≪에세이문학≫가을호에 〈개어미〉로 천료

2000년 – 동인지 ≪문예가족≫ 표지그림 연재

2007년　박미서의 글과 그림 ≪사람이 살아가는 길 옆에≫ 발간

2007년 - 2009년　한국예총 익산지부 수석부지부장

2008년　익산예술상 창작예술대상

2009년 한국미술협회 익산지부장

2009년 전라북도 '문예진흥기금' 수혜, 제10회 개인전 '소통, 우리들의 관계를 위하여'

2010년- 전북대학교 평생교육원 전담강사

2013년 (재)익산문화재단의 〈익산아티스트지원사업〉 수혜 수필집 ≪내 안의 가시 하나≫발간

2015년 마한문화예술제전위원회 제정 제 1회 자랑스런 선화상 수상

2016년 제14회 한국화 개인전'천 지 인'(익산 그랜드팰리스호텔 2층 굿갤러리)

박미서 수필선집

이 찬란한 꿈을

초판인쇄 | 2016년 7월 20일
초판발행 | 2016년 7월 25일

지은이 | 박 미 서
펴낸이 | 서 정 환
펴낸곳 | 수필과비평사 · 좋은수필사

주　소 | 서울시 종로구 삼일대로 32길 36.
운현신화타워 빌딩 3층 305호
전　화 | 02)3675-5635, 063)275-4000
등　록 | 1984년 8월 17일 종로 라00426호
홈페이지 | http://www.shinapub.com
e-mail | essay321@hanmail.net

값 7,000원

ISBN 979-11-5933-033-9 04810
ISBN 979-11-85796-15-4 (전100권)